成功の
原理がわかる！

いちばんやさしい

工事店経営の教科書

人気工事店をつくる先生
青木忠史

ダイヤモンド社

はじめに

現実と本質を知り、今日から「工事店経営の成功法則」を追求してみよう

工事店社長は、一度しかない人生を自らの工事店経営に賭けています。そして、その中で成功を目指して頑張っています。ところが、多くの方々がその夢を叶えることができず、人生を終えていくのです。

しかし、それを日本のすべての建築業者が続けていくとどうなるでしょうか。技術力は低下し、業界は衰退していかざるを得ません。さらにはこれからの日本は市場が縮小していくという厳しい時代に見舞われます。

私は、自社を経営しながら工事店の経営指導者として、6000社以上の工事店を見てきて、600社以上の工事店の経営指導に携わってまいりました。

その中で、工事店として成功を実現するということに必要な要素、そして工事店はなぜ経営成功を実現しなければいけないのかという目的や理由、そして、そのことを工事店の方々に伝える伝え方を明確につかんできました。

だから私はこの本を書いています。

この本の中には、決して甘いことや、気分がよくなることばかりが書かれているわけではありません。むしろ、きわめて現実的であり、痛いところ、目を背けておきたいことが書かれている可能性があります。

また、読んで納得してもらうための本でもありません。1ページ1ページが重たく、その都度考えさせられる内容が含まれていると思います。しかし、私が書いた本でありながら、私の独断で考えさせるために書いた内容は一言もありません。

私がこれまで見てきた「工事店経営の成功」という姿の一部だと思って取り組んでいただければと思っています。なぜなら私は、日本の工事店の方が1社残らず、経営成功を実現していただきたいという思いを込めてこの本を書いているからです。

はじめに

いま、日本のすべての工事店がこの本を手にすることで、日本の工事店は復活できると確信しています。工事店とは建築、建設業界を根底から支えている「日本を代表する作り手」です。

その工事店が復活することで、建築、建設業のみならず、地域密着の企業や、その他ものづくり系の産業にも強く影響を与えることが可能であると私は考えています。

ですから、いま、この本を手にしていただいている工事店のあなた様。どうかこの本が語っている「工事店経営の成功法則」を素直な気持ちで見つめ、愛してください。

愛するということは、「理解すること」「受け入れること」「尽くすこと」です。

必ず、あなたの人生に最大の喜びが訪れるはずです。

人気工事店をつくる先生 青木忠史

目次

ルール3

実務能力 ～仕事の進め方で損をしていませんか？～

ルール 1

経営者の心
～リーダーとしてのあり方～

「社会人としての自覚」を持ち、
その上で「正しい仕事観」を持ちましょう。

なぜ、「正しい仕事観」を持つことが大事なのでしょうか。そして「正しい仕事観」とはそもそもどのようなものなのでしょうか。また、どのようにして「正しい仕事観」を持てばよいのでしょうか。ここではそれらについて順番にお伝えいたしましょう。

信頼と実績の
○○塗装店
外壁・屋根の塗装・各種建築塗装
TEL 000-0000-00000
さあ今日は温泉だぞ！
まぁ日帰りだけどよ・・・
日頃の疲れを癒してリフレッシュしてくれよ。
はい！

あれ、今のとこ左じゃないですか？
社長、やっぱりナビを使ったほうが…
大丈夫、大丈夫。オレの勘に間違いはない。

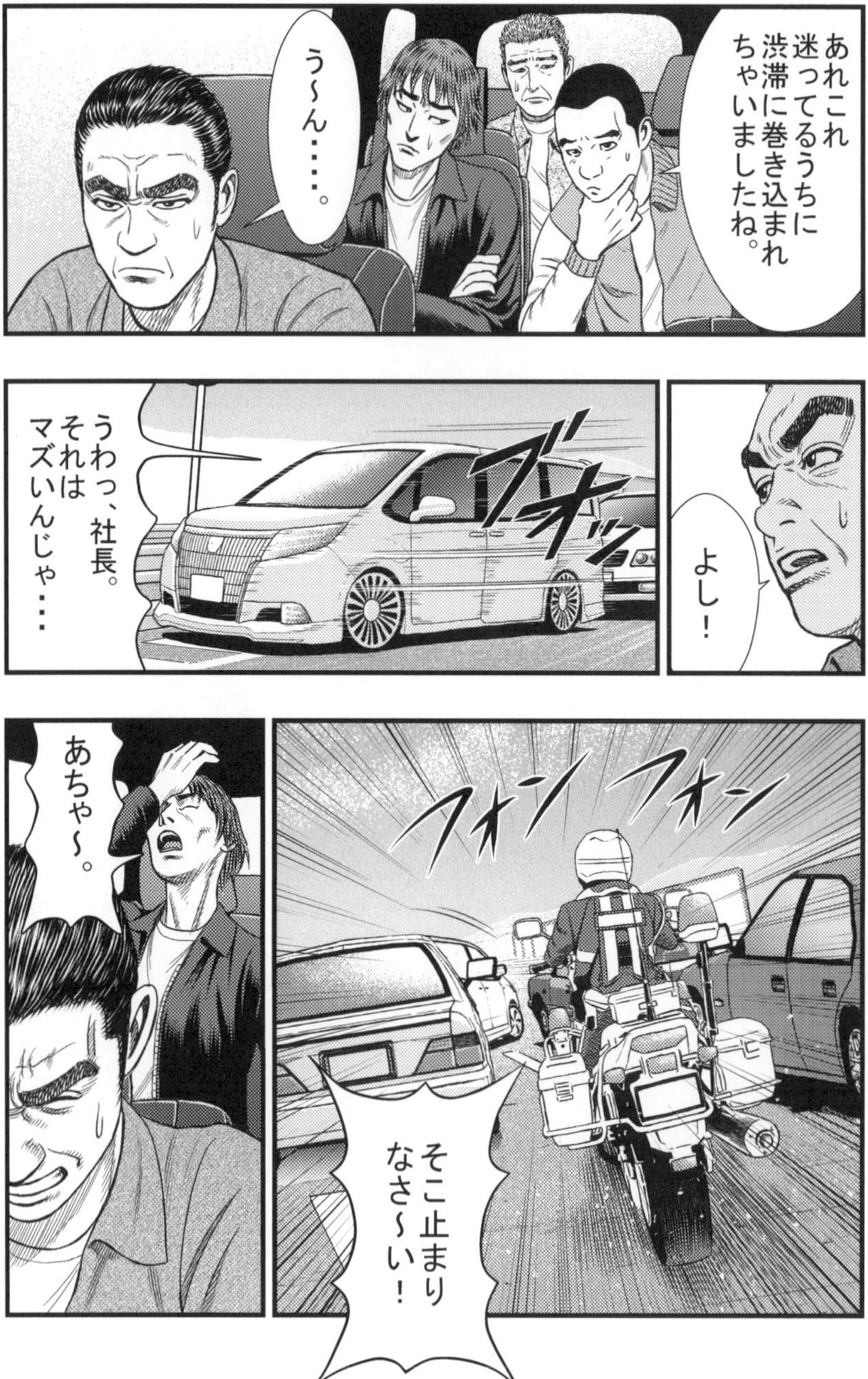
あれこれ迷ってるうちに渋滞に巻き込まれちゃいましたね。
う～ん……。
よし！
ブオッ
うわっ、社長。それはマズいんじゃ…
フォン フォン
そこ止まりなさ～い！
あちゃ～。

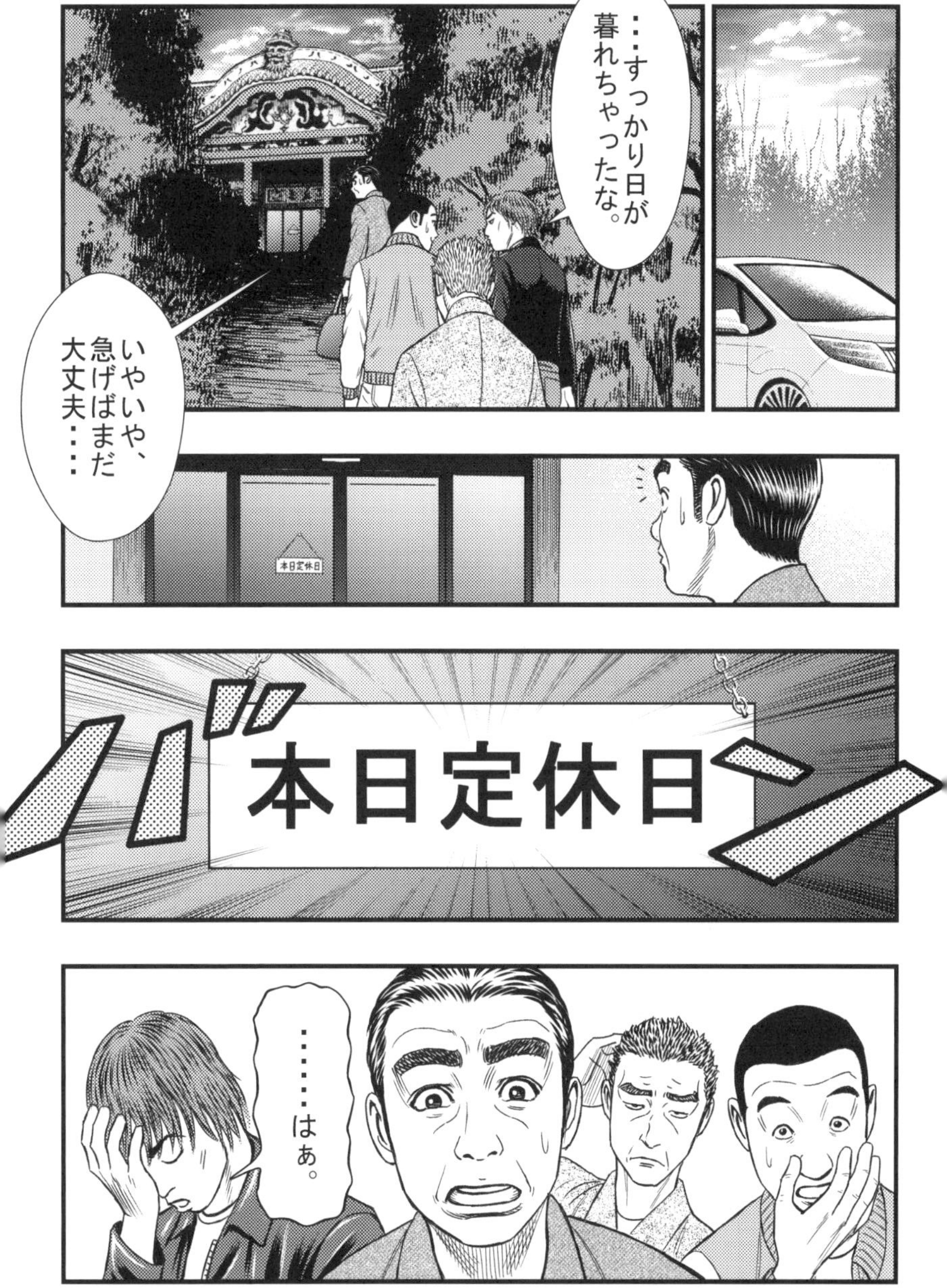

あなたもこのような行きあたりばったりの人生を生きていませんか?

PART 1 すべては社長の「正しい仕事観」から始まる

起きている問題の原因は、全部自分にあるのかもしれない

この本を開いたあなたは、きっと、今日まで一生懸命仕事に励んでこられたはずです。学校を出て、右も左もわからないところから仕事を覚え、怒られながら技術を身につけ、少しずつ取引先やお客様の信頼を得てきたからこそ、これまで仕事を続けてこられたのではないでしょうか。

そのこと自体をまずは十分、誇りに思ってください。

ただ、同時に、この本を開いているあなたは、いま何かの悩みや問題を抱えているはずです。そうでなければわざわざこの本を読む必要はありませんよね。

その悩みとは、どのような内容ですか？　私がこれまでたくさんの工事店社長の指

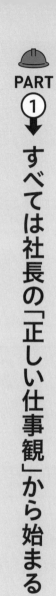

導をしてきた経験に基づいて言いますと、はじめてお目にかかる社長からよく聞かれる悩みごとは、おおむね次のようなものです。

売上面
×同業他社が多くなり、売上が伸びなくなった
×相見積もりで負けることが多い
×年々単価が下がってきている
×元請からの仕事が少なくなった
会計面
×仕事が取れても値切られて利益が残らない
×頑張ってもなぜか利益が少ない、残らない
×そもそも数字、お金が苦手……
人材面
×いい職人がなかなか採用できない
×せっかく職人を採用してもすぐに辞めてしまう

×若い職人は仕事ができるようになったら辞めてしまう
×これから人材が不足していく中で、うちはいつまで経営を続けていけるだろうか
将来の面
×自分の体力が続かなくなったときにはどうしたらよいのだろうか
×そもそも、この仕事は将来まで続くのだろうか

そして、自分はこの仕事しかやったことがなくほかのことができない。だから辞めるに辞められない。自分は勉強をしてこなかったから、努力するにしても、どのようにしたらよいかもまったくわからない——。

あなたも、これらに1つでも当てはまるものがあったら、早めの対処が必要です。
こうした悩みを抱えている社長は、私の知る限り、早くて30代後半、多くは40代以降の方々です。逆に、20代のうちにこの本を手に取って勉強しようという方は、とても優秀な社長さんだと思います。

話は戻りますが、職人になり、仕事を覚えて独立して社長になり、ただ、やる気と体力だけを信じてガムシャラに前に進み、日々の仕事をこなしているときはよかったのです。しかし、そのような日々を過ごしているうちに、社員も数名に増え、自分にも家族ができ、家を建てたりして、少しずつ将来のことを考え始めてきたときに、目の前の問題が急に大きくクローズアップされることを感じるのです。

そのとき、あなただけではなく多くの人は、

「自分はいったいどのような人生を生きていったらよいのだろうか……」

「自分は会社の経営者だけど、経営とは、どう行うべきなのだろうか……」

などと、考えるきっかけが与えられるのです。

そして、答えを探し、あれこれ勉強し出すようになります。ところが残念ながら、世間には「工事店の経営」について、詳しく教えてくれるところがないのです。

建築、建設系の会合に集まっても、異業種交流会などに参加しても、工事店社長の答えだけはなかなか見つかりません。

なぜなら、工事店経営は、ほかの業種と比べてきわめて異質であり、難しい業界だ

からです。

「へぇ!? 中卒の俺でも社長になれたのに、難しい業界なの？」

と、思われる方もいるかもしれません。それに対しては、こう答えましょう。

「はい。社長になるのは難しくなかったとしても、経営をしていくことは難しい業界なんです。だから、多くの社長が老後、廃業しています……」と。

しかし、まずは安心してください。

この本に書かれている内容をしっかりと理解していただければ、工事店社長のあなたの問題は半分解決されたも同然ですから。

私はこれまで6000社以上の工事店経営をお手伝いしてきた経験があります。どうすれば仕事が増え、職人たちが生き生きと働く会社を創ることができるのか。また、どうすれば仕事が減り、職人たちがグチをこぼし、そして、入退社を繰り返す会社になるのか。そして、この両者の違いとはいったいどのようなことなのかを毎日、目のあたりにし、毎日、前者になるように指導をさせていただいています。

そのような経験から、私がまずはじめにあなたに聞きたいことがあります。
それがこちらです。

「あなたの仕事観とは何ですか」

ちょっと待ってくれ、いきなり「仕事観」って言われても……と、思うのも無理はありません。あまりなじみのある言葉ではありませんから。
そして、せっかちな社長さんのなかには、こう言い返してくる方もいます。
「仕事観とかいう話は後回しでいいから、いま起きている問題の解決方法を教えてくださいよー」と。

無理もありません。売上が伸びないのなら、利益を残さなければ会社は潰れます。せっかく育てた職人がいなくなってしまえば仕事は回りません。でも、私は断言します。こうしたさまざまな問題がなぜ起きているのか。その理由は、ほぼ100%、経営者であるあなた自身の心の中にあります。

なぜ、そう言い切れるのでしょうか？　それは、私は多くの年配経営者の方々が次のようにおっしゃられることを数多く聞いているからです。

「もっと若いときから、遊ばず、まじめに仕事に打ち込んでおけばよかった……」
「自分は若手職人を真面目に育成してこなかったことが最大の後悔だ……」
「いま、30代の自分に戻れるなら、もっとまっすぐ仕事に打ち込んで人材を育てて、立派な会社にしたい……」

年配経営者といえど、数十年前は20代、30代の経営者なのです。その方々の多くは、廃業前にこのようにおっしゃられるのです。
だから、私はあなたに「仕事観」を持つことが大事であると、お伝えしたいのです。

PART ②
「正しい仕事観」とは何だろう？

自分の技術と情熱を社会のために使っていこう！

では、「仕事観」を持つとはいったいどのようなことを言うのでしょうか？　そして、「正しい仕事観」とはどのようなことなのでしょうか？

わかりやすく言うと、「正しい仕事観」とは「自分がプロとして持っている力、技術、そして情熱を使って、社会に貢献していくことこそが、自分のすべき仕事である」という考え、信念です。

じつはこのようなことは、工事店に限るものではありません。

たとえば、政治家でも、花屋さんでも、警察官でも、ラーメン屋さんでも同じです。政治のプロとして持っている力を日本の将来のために活かすこと。それが政治家の「仕事観」でしょう。

花選びとアレンジのセンスを使ってお客様の生活を華やかにすること。それが花屋さんの「正しい仕事観」でしょう。「花屋さんというビジネスをやったら、いくらもうかるか」ということを真っ先に考えているようなお店では本当に流行ることはないでしょう。

また、警察官であれば、「得意の体力と純粋な正義感で市民の安全を守ること」が「正しい仕事観」でしょう。

そして、ラーメン屋さんであれば、「自ら研究と改良を重ねた自信のレシピを使って世界一うまいラーメンを提供し、お客様を胃袋から元気づけること」などが、「正しい仕事観」になるのだと思います。

では、改めてお聞きします。工事店のあなたの仕事観とはいったいどのようなものでしょうか?

たとえば、
大工さんなら、「安心できる確かな家を創り、地域の方々の安心生活を支えること」

防水屋さんなら、「防水工事を通して、建物を老朽化から守ること」

塗装屋さんなら、「塗装工事を通して、建物を保護しながら、美観性を高めること」

屋根屋さんなら、「確かな屋根工事を通して、暮らしの安心を守ること」

土木屋さんなら、「確かな土木工事を通して、都市生活の基盤をつくること」

シーリング屋さんなら、「確かなシーリング工事を通して、建物を老朽化から保護すること」

クロス屋さんなら、「クロス材を通して、お客様が求める暮らしや仕事の付加価値を提供すること」

電気屋さんなら、「電気工事を通して、安心、便利な都市生活を提供すること」

設備屋さんなら、「配管工事を通して、安心、便利な都市生活を提供すること」

などが、浮かんでくることと思います。


さて、自分の業種の「正しい仕事観」とはいったいどのようなものでしょうか。

ここであなた自身の言葉で、考えてみてください。

・あなたの業種の「正しい仕事観」とは？

自分の業界や職種だけを考えていると、どうしても煮詰まってしまって考えられないものですが、このようにいろいろな業界を考えてみて、一度フォーカスを外してみることによって、自分の業界を正しく見つめることができるものです。

このようにして考えてみると、「生活のために……」という言葉は一言も浮かんできませんでしたよね。

むしろ、警察官が「いや、私は生活のために警察官になったのですよ。だって、公務員は安定しているじゃないですか……」などとおっしゃっていたとしたら、いかがでしょうか。そのような警察官を信じることはできますか？

ちょっと、不安を感じるかもしれませんよね。警察官なら、「地域の安全を守る」という職務を全うしてほしいと思いますよね。

はい。

つまり、これが「正しい仕事観」という「あり方」であり、私たち工事店にも求められている「あり方」なのです。

ですから、まずは、このような「正しい仕事観」が、あなたが立つべき「立ち位置」だということを再認識してください。

PART 3

「正しい仕事観」の形成の仕方とは？

「自分は何のために仕事をするのか」をじっくりと考える

正しい仕事観を理解してもらった上で、私はさらにあなたに質問を続けます。以下の質問は「正しい仕事観」を持ち続けるための重要な質問ですので、どれだけ時間がかかってもよいので、ここでじっくり考えてみてください。そして、今時点での自分の答えを記載してみてください。

※本は綺麗なまま、保存しなくてもOKです

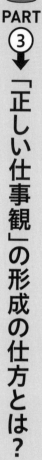

Q１．あなたはなぜ、いま、この仕事をしているのですか？

回答欄

・１回目（　　年　　月　　日）

・２回目（この本を読み終えた後　　年　　月　　日）

・３回目（半年後　　年　　月　　日）

Q2．そもそも、あなたはなぜ、働くのですか？

回答欄

・1回目（　年　月　日）

・2回目（この本を読み終えた後　年　月　日）

・3回目（半年後　年　月　日）

Q３．あなたは、毎日休みなく頑張った結果、人生を通して、どのようなことを目指すのですか？

回答欄
・１回目（　年　月　日）
・２回目（この本を読み終えた後　年　月　日）
・３回目（半年後　年　月　日）

Q4．そして、あなたは仕事で携わった方々に何をお返しするのですか？

回答欄

・1回目（　　年　　月　　日）

・2回目（この本を読み終えた後　　年　　月　　日）

・3回目（半年後　　年　　月　　日）

Q５．あなたは、愛する地域や建築業界、そして日本に何を残すのですか？

回答欄
・１回目（　年　月　日）
・２回目（この本を読み終えた後　年　月　日）
・３回目（半年後　年　月　日）

Q6. ほかの仕事を比べてみたとき、あなたの仕事にしかない魅力とは何ですか？

回答欄

・1回目（　　年　　月　　日）

・2回目（この本を読み終えた後　　年　　月　　日）

・3回目（半年後　　年　　月　　日）

いかがでしょうか？

いきなりこのような質問されて、パッと答えられるような方は、とても優秀な社長さんだと思います。多くの社長さんはすぐには答えることができません。なぜなら、このようなことは普段からあまり考えていないからです。

ですから、いきなり聞かれて出てくる答えとしては「生活のため……」「生きていくためには、自分はこの仕事しかできないから……」という答えも当然あると思います。最初は、それでも「よし」といたしましょう。

そこでまずは質問の回答欄には、今日の日付と現時点のあなたの答えを記載しておいてください。

しかし、この本を読み終えた時点と、この本で学び始めてから半年後に再度実施してみてください。

しばらくたってから、以上の質問に対してもう一度考えてみると自分でもまったく違う答えを出していることに気づかれるはずです。

それは、人間は「質問」をされると、その瞬間から「答え」について考え始めるからです。そして、これらの質問は、誰もが人生のどこかで必ず考える質問＝根本的な質問でもあります。

根本的な質問を考えることで仕事観が形成される

じつは、この「根本的な質問」には3つの特長があります。

1つ目の特長は、「根本的な質問」を考え始めることによって、人間は自己内部の内的空間を広げ始めるのです。自己内部の内的空間をつくり始めるといってもよいかもしれませんし、空間がなかったところに空間を掘っていくイメージかもしれません。そしてじつは、この内的空間がある人ほど、人を引っ張っていく力があるという特長があります。

わかりやすい例でお話いたしましょう。ウォルト・ディズニーという方がいます。ウォルト・ディズニー以外でも「世の中の人々に夢を与えたい」と考えた方は大勢いたはずです。ところが、ウォルト・ディズニーほど、「魅力的な世界観」を持った人は少ないのです。ですから、世界中の多くの人が、ウォルト・ディズニーの世界に入ることを好みます。

これは別の言葉に言い換えると、ウォルト・ディズニーは「根本的な質問」を繰り返し考え続けて、内的空間を広げ続けていた人だったといえるでしょう。

2つ目の特長は、「根本的な質問」は考えても考えても、「明確な答え」は見つからないということです。その時々の自分の心境において「ベストな答え」を見つけることはできるでしょうが、考えれば考えるだけ、より深くより広がっていくものであるということだからです。

そして、3つ目の特長は、この「根本的な質問」を若い時期から考え始めている方に、人生を成功させる方が多いということです。

当然ですが、逆に年を重ねるにつれて体力がなくなり、仕事を引退しても「根本的な質問」を考えることがなかったとしたらいかがでしょうか。

きっと、「もっとこういうことができたのにな……」とか「ひょっとしたら、自分はほかの仕事をやったほうがよかったかもしれなかったかな……」などと後悔の念が残っているかもしれません。

いや、さらに厳しい言い方をすると「見ないふり」をして、自分の人生の花を咲かせることを忘れてしまい、テレビや旅行や趣味などのゴシップ話に花を咲かせ続けて人生を終える人も大勢います。

一般の人であれば、それでも悪くはありませんが、多くの人の人生に責任を持ち、人生をリードしていく経営者は、そうであってはいけないと私は考えています。

たしかに「生活のために働く」だけなら、世の中にはいろいろな仕事がありますから、わざわざ、苦労が多い建築の仕事に携わらなくてもよいのです。

もっと楽をして、お金を稼げるかもしれない仕事はたくさんあったかもしれません。そのような仕事をすればよいのです。

また、わざわざ、大勢の職人を雇って苦労をして赤字経営になってしまうよりも、1人で確実に黒字を出せる状態で生きていけばよいのです。それが「生活のため」という言葉の持つ意味ではないでしょうか。

しかし、そのような人に人がついていくと思いますか?

答えは言わなくともおわかりのはずです。

ですから、たとえいまは「生活のため」に仕事をしていたとしても、その「生活のため」という考え方を超えた「仕事観」を、社長であるあなた自身の心の中につくり出していただきたいのです。そう思い始めるところから、内的空間が広がり、あなた自身の「仕事観」が形成され始めていきます。そして、その内的空間をずっと持ち続けている間に、あなた独自の「仕事観」もさらに形成されていきます。そしてあなたの仕事がだんだんと魅力的に見えるようになっていきます。

まるで、アコヤガイに核を挿入して、真珠を形成させるように、「正しい仕事観」をあなたが持つことで必ず会社の発展が形成されていくというようなイメージです。

「正しい仕事観」とは、いったいどのような仕事観でしょうか？　それは「自分がプロとして持っている力、技術、そして情熱を使って、社会に貢献していくことこそが自分のすべき仕事である」と考えることであると言いました。

一方で、よくある考え方としては、自分本位的な考え方があります。

「どの仕事をやったらもうかるかな？」「どうすればもうかるかな？」というような

考え方です。

たしかに、もうかる方法を考えるということも大切ではありますし、一時的にもうかることもあります。ところが、社長自身が「正しい仕事観」を持っているからこそ社員もついてくるのです。

逆に、社長が「いかにしたら、うちだけがもうかるか」「いかにしたら、自分だけがもうかるか」などという自分本位な考え方しか持っていない場合、社員も同じように考えてしまうため、組織は必ず乱れてしまいます。大きく成長するということは絶対にありません。

社長が「正しい仕事観」を持っているか、「自分本位の考え方」を持っているか。

どちらの工事店が長く繁栄しているかと言えば、「正しい仕事観」を持っているところであり、「自分本位の考え方」に基づいて仕事をしている工事店は、たとえ一時期はよく見えることがあっても、必ず、後々は厳しい将来が訪れていました。

また、世間のどのような仕事においても、優秀な人材は必ず「自分の能力を使って、人生で何を成し遂げるべきなのか？」「自分の能力をどのような会社で発揮させるべきなのか？」などと考えているものです。

そのような優秀な人材を迎え入れる第一歩としても、社長自身が「正しい仕事観＝自分がプロとして持っている力、技術、そして情熱を使って、社会に貢献していくことこそが自分のすべき仕事である」と考える仕事を行うことが本当に、本当に大切なのです。

「社会に貢献する」という概念は、具体的にいうと次の3つがあげられます。

・よい仕事をお施主様に対して提供することを通して、地域社会に貢献していると捉えて仕事をすることができるか
・よい人材の育成を通して、業界に貢献していると捉えて仕事をすることができるか
・仕事をしっかりと受注し、社員を安定的に雇用することも、社員の家族を養い、幸せな家庭をつくるための社会貢献そのものであると捉えて仕事ができるか

これらは、どの工事店でも共通する「仕事を通して社会に貢献」するという概念になります。

これらのことを考えながら日々の仕事を行っていくことが、「正しい仕事観」に基づいた仕事といえるでしょう。そして、先ほどの「正しい仕事観」を形成するための質問についてもじっくりと考えてみてください。

念のために言っておきますが、本章で何度も出てきている「正しい仕事観を形成する」というのは、あなたの頭と心の中に形成するということを言っています。

「正しい仕事観」があなたの頭と心の中に形成されていることで、仕事は、格段にスムーズに進みます。ですから、単なる抽象論として捉えるのではなく、本気で実践し、本気で持続し続けてみてください。

小さなことかもしれませんが、建築業界の工事店のみんながこの「正しい仕事観」を本気で実践し、本気で持続し続けることによって、地域社会や建築業界は確実によくなっていくのです。

工事店の
社長が
すべきこと

正しい仕事観を形成し続けること。
そのためには、
自分は何のために働くのかを
自分自身に問いかけ続けること。

ルール

2

組織としての働き方

〜自社の「工事店スタンダード・ガイドブック」を作る〜

「考え方」を共有することで
会社はいっそう強くなる

「考え方」は目には見えません。そのためにも言葉にして伝えましょう。文字に残し、冊子にして、その上で伝え続ければ、必ず「考え方」は共有され、会社は強い組織になります。

うちの会社には
ここで働く君たちが
守るべきことがある。
皆で復唱しよう。
ひとつ
仕事は手を抜かない。
ひとつ
いつも元気に
挨拶をする。
ひとつ
整理整頓を
徹底する・・・・

この現場はほとんど
利益が出ないのに
そんな丁寧にしたって‥‥
そんなところまで
しなくていいぞ！
今日中に
仕上げるんだからな！

あっどうもどうも
ご苦労様です!
こんにちは~!
お疲れ様です!

あなたが社員に対して言っていることには一貫性がありますか？

PART ① 「オレ流」が浸透しない日本全国の工事店

日々の仕事が不安定であると、どうしても「いま（今月）、なんとか仕事を取らなければ……」という考えだけで、頭の中がいっぱいになってしまいます。

ところが、あなたが人生を通して会社の繁栄を志していくときには、ルール１に提示されている「正しい仕事観を持つ」ということを土台として、次に「仕事に対するやり方・考え方をまとめて冊子にする」ということを実行する必要が必ずあります。

なぜかをここでは申し上げましょう。

〝うちのやり方〟を押しつけるから職人が定着しない

工事店は必ず技術者で成り立っています。そして、小さな工事店のそれぞれの会社にはその会社独特の「オレ流」「うちのやり方」が横行しており、そのような〝うちのやり方〟は、各社ごとに違います。

たとえば、極端な話、住宅塗装業という業種においては同じであっても、それぞれの会社で、仕事に対する考え方が、それぞれ若干違うのです。

そして、それぞれの会社の社長は、職人たちに、若干の違いも発生させず、「うちのやり方」にぴったりと合わせようと努力して、日々情熱的な（ときに感情的な……）指導をしています。

このような状況のなか、小さな工事店に勤める技術者たちは、次々に転職をしています。

ここまで聞けば、起きている現実はおわかりのはずです。

起きている現実とは、どこのお店でも〝うちのやり方〟はなかなか浸透しにくい状況にあること。そして、技術者（職人）は、〝うちのやり方〟を理解できず、すぐに辞めてしまうので、しっかりとした技術が身につかない状況にあるということ。また、会社側としても、退職者が多いので会社もなかなか成長しないということです。

そして、このようなことを文字通り日本全国で行っているため、「職人は仕事を覚えたら辞める、お給料が少しでも高いところがあればすぐに転職する、今時の若い衆は根性がない」という考え方が、工事店の世界では当たり前のようになっています。

それは、そうでしょう。私が見てきた限り、100社あれば97社以上が、「職人は仕事を覚えたら辞める、お給料が少しでも高いところがあればすぐに転職する、今時の若い衆は根性がない」というような考え方を「信奉」してしまっているのですから。

では、このような状況の中で、何をしたらよいのでしょうか?

PART ②

仕事に対する考え方を言語化する

そこで、解決方法を提示します。

うちのやり方が浸透しない状況を解決する方法は、「仕事に対する考え方」を言語化するということになります。カンタンに言い直しますと、「オレ流」を言葉にしてみましょうということになります。

社長が何度も何度もお話をしていることを言語化し、冊子などの形にして、社員（職人）さんと共有するのです。

いくら口で伝えても9割以上の内容は伝わっていない

うーん……、面倒にも思えますね。

だから、「冊子になどしなくても、口で言えばわかるのではないか」「あいつらは、本とか読まないから、口で言うのが早いよ」という意見も時々いただきます。

たしかに、口で伝えることは手軽にも思えますが、じつは、口で伝えても、ほとんど伝わっていないのが現状です。

多くの会社では、社長は何度も何度も、繰り返し同じことを言っても、ほとんど伝わっていないのが実情です。

たとえば、早く現場にいかなければいけないと焦っているため、社長の話などうわの空で聞いている日もあるでしょう。

たとえば、社長の言っていることが難しくて、聞き取れず、理解できていないため、とりあえず「あ、はい、わかりました」と、言っていることもあるでしょう。

たとえば、家庭の問題が常時頭の中にあり、仕事のことが全然頭に入ってこないという状態のときもあるでしょう。また、そのときはしっかり話を聞いていても、1時間もたったら忘れてしまっているという状況もあるでしょう。

このように聞いて、「そんなことはない……」と思うのであれば、翌朝に、「昨日の夕方、私が話したことを覚えていますか？」と聞いてみてください。どれほどの方が、どれだけの内容を覚えているのか、実体験をすることができます。
ほとんどの人が、覚えていないのです。

しかし、これは社員を怒るための材料として話をしているのではありません。
逆にお聞きしますが、あなたも同じような経験はありませんでしたか。
自分のことや今日の仕事のことで頭がいっぱいのときに、社長や上司から仕事に対する考え方を指導されても、「はい、はい、またいつもの話ね……」などと右耳から左耳へと聞き流していた経験が……。

このようなことから、社長がいくら熱心に伝えていても、口頭伝達をしている内容の90％以上は伝わっていないと、まずはあなた自身が理解することが先決です。だからこそ、社長が本当に伝えたいことは冊子にまとめなければいけないのです。これもじつは、何も工事店だけに限らず、どの業種でも当てはまることです。

ところが、私がこのように指導をしてきても、実際に実行してくれるのは100社中、1社以下。しかも、即日に実行してくれた方は100社中なんと、限りなく0でした。

なぜ、実行してくれないのでしょう？　それは、目先の仕事を受注することや、目先の現場をこなすことだけを見つめすぎているからです。ところが、以下の事実を伝えると、皆さま大急ぎで実践をしてくれるようになりました。

「発展していった会社は1社残らずこれをまとめることからスタートしていますが、倒産した中小工事店は皆、社長の考え方を一切まとめていませんでした……」

社員は社長の確固たる考え方についていく

私は柔道を行っていたので、柔道に置き換えてたとえてみますが、いくら体ばかりを鍛えても、心が曲がっていたり、心が弱かったり、心の芯が弱かったりしたら、柔道では強くなれないのです。また、道場の師範も技術を指導することだけではなく、心の姿勢や考え方から教えるからこそ、教え子たちも強くなっていくのです。

仕事とは、じつに、このようなことと同じであり、ただ技術だけを磨いて鍛えようとしても、「仕事に対する考え方や姿勢」を定めていないと、しっかりとした仕事を提供し続けることはできないのです。

そして、社長自らが「確固たる仕事に対する考え方」を持っているからこそ、よい技術者が集まり、育つようになっていくのです。このことをもう少し簡単な別の言葉で言いますと、

●プロはプロについていく

ということです。

本来、職人とは、言い換えるとプロという言葉の代名詞です。

プロとは、心の中の姿勢や仕事に対する考え方からすでにプロである人をいいます。「技術として俺は十分にできるから、それで俺は食っている。お金をもらっている。」だから、自分の好き放題にやるのが職人の特権だ」では、決してありません。

工事店社長は、このことを十二分に心得て、技術者を育成しましょう。まるで武道

で弟子を育成するように、姿勢、考え方から指導をするのです。

このような前提から「工事店スタンダード・ガイドブック」（我が社の仕事のやり方・考え方冊子）を作ってみましょう。

「一生涯分の生活費はすでにある」という前提で取り組んでみる

それでは、この後、ＰＡＲＴ③～⑦までまとめておきたい内容を順番にお伝えいたしますので、質問に順番に答えてみてください。

ここで1点だけ注意事項を言います。質問に対して考えるときに、「私は、一生涯分の生活費はすでにある。だから、私は生活にはまったく困らない」という前提で考えてみてください。それは「オレは生活のためにこの仕事をやっている」という答えを乗り越えてもらいたいからです。

もちろん、すべての方々がいますぐ「一生涯分の生活費はすでにある」というような状況ではないことも理解しています。しかし、あなたも時々、耳にしたことがある成功者の方々は、すでにそのような状況にあることがほとんどですが、「そうなる前から、そのように思っていた。だから、その思いが現実化した」という現実もあるのです。だから、あなたもまずは「成功者と同じ心境」を実践してみてください。

PART 3

私が「この仕事」を行っている本当の理由（企業理念）

ここでは、あなた自身の使命感を考えて、表現してみるということになります。

じつは、自分自身の使命感とは、どのような仕事を行っている人であっても普段の仕事をしているなかでいきなり答えが出てくるというものでもありません。

自分の使命をつかむためには、自分自身を客観的に見つめる必要があるからです。

そのためにも仕事や職場から離れて、以下の実習を繰り返し行ってみてください。

MISSION QUEST ～イメージをしながら取り組んでみてください～

あなたは生まれる前に、体の丈夫な人、頭がよい人、愛情の深い人、合理的な人、人付き合いが得意な人、慎重な人、大胆な人、いろいろな人と一緒にいました。

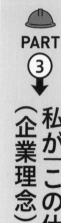

そこには、いくつかの人生のシナリオが並んでいました。

なぜなら、神様は「素晴らしい世の中を作りたい」という思いから、みんなに同じことをさせるのではなく、それぞれの人に合った人生を生きるように指導し、すべての人が活躍する世の中を作りたいと願っていたからです。

そこで、あなたは真っ先に「いちばんよい仕事」を選びました。

それぞれの人も、皆それぞれの人がいちばんよいと思った仕事を選びました。

神様はみんなが自分に合った仕事を選んだのを見て、「よし」と言いました。

それがいまのあなたの仕事だったのです。そして、それぞれの仲間同士励まし合い、この世に生まれてきたのです。


Q1．このとき、あなたは、どんな気持ちでいまの仕事を選びましたか？

Q2. また、あなたはどのようなことを成し遂げると意気込んでいたでしょうか？

Q3. あなたがいまの人生に一心不乱に取り組むことによってのみ、この話を思い出すことができます。あなたがこの事実を思い出して、そのときの仲間と再会することができたとしたら、どのようなことを語り合いますか？

Q4. あなたは自分が決めたとおり、この仕事をこれからもずっと続けました。そして老後になって、仕事一筋であった自分の人生を振り返っています。あなたは、どのような貢献をどれくらい行ってきた人間であると言えますか？

Q5. あなたはいま、自分の人生を終えるときに来ています。あなたはどんなに辛いときも、この仕事を絶対に辞めず、立派に責任を果たしました。仲間たちと再会を果たしています。仲間たちは拍手喝采してくれています。「あなたはどのようなことを行った人だ」と評価をしてくれていますか？

これらを繰り返し考えていくことで、必ず誰もが自分が決めてきた「使命」を思い出すことができます（じつは、ルール1でも違う角度からの質問をいたしました。このようなことは、いろいろな角度から考えておくことが大切です）。

PART 4 私が「この仕事」を通して、社員のみんなと実現したいこと（事業ビジョン）

次のステップは、仕事を通して実現していきたいこと「事業ビジョン」を考えてみるということになります。

Q1．あなたがいまの仕事を通して、社員のみんなと実現したいことは何ですか？まずはいま考えられることを書き出してみてください。

例）塗替えを通して、〇〇市のすべての人に暮らしの安心を与えたい

例）（足場鳶）（各業者の効率のよい作業を推進して）〇〇県の建築業界の発展に寄与する

PART ④ 私が「この仕事」を通して、社員のみんなと実現したいこと（事業ビジョン）

・あなたがいまの仕事を通して社員のみんなと実現したいことは何ですか？

PART 5

私がこの仕事をしていく上で、大切にしている「考え方」（事業の本質に基づく行動指針）

ここでは、工事店で仕事を行っていく上での「大切な考え方」をまとめてみることになります。

なぜかといいますと、建築技術者として仕事を継続していくために適切な「考え方」を、多くの人は学んでいないからです。

そして、建築技術者としての考え方は、家庭でも学校でも学んでいないため、会社で指導をしなければいけないという状況になっているからです。ところが、よほどしっかりした工事店以外、それが体系化していることはありません。だから、小さな工事店の社員は育ちにくいという現実があります。つまり、あなたの会社では社長であるあなたが体系化する以外にないのです。

しかし、そんなに難しいことではありません。

ここでは、以下の3つの観点から考えてみましょう。

①あなたが繰り返し社員に伝えていることに優先順位をつける

長年経営をしている会社には初代の社長が創業当時から繰り返し伝え続けてきた訓育があったりします。そのような社長が一生涯言い続けてきたようなことがじつはとても大事な「考え方」であったりすることが多いものです。

そのような「考え方」を社歴の浅い時期から構想していくことで、会社基盤は確実にできていきます。あなたが繰り返し社員に伝えていることを、最も大事なものから整理してみましょう。

・あなたが繰り返し社員に伝えていることは何ですか？

②自社の事業の本質に基づいて考えてみる

①がズバッと出てくるようであれば大変素晴らしいものですが、なかなかそうはいかないことも多いため、「事業の本質」に基づいて考えてみます。

たとえば、ケーキ屋さんの本質は「美味しいケーキを作ること」であるように、工事店にとっても、どの会社でも絶対に守らなければそもそも会社経営が成り立たないという「事業の本質」があります。それが、以下の5つです。

・施工品質管理
・原価管理
・部下育成
・理念ビジョン共有
・お客様満足

これらの5点を踏み外して大成功している工事店はありません。

ですから「仕事で大切にしている考え方」を自分なりに考えてみる前に、まず「これらを外して工事店経営が成功するということはないのだ」という「心の位置」に立ってみてください。

その上で、どのような「考え方」があるのかを考えてみてください。

・あなたが大切にしていきたいことを事業の本質に基づいて書き出してみてください。

③他業界と比較して考えてみる

また、他業界と比較することで、似ている部分やまったく違う部分を数多く発見することができます。それによって自社を知ることが可能なのです。ところが、これができないため、なかなか自社の事業で大切な考え方をまとめにくいのです。

たとえば、まったく違う業界と比べるとします。

お医者さんと比べたらいかがでしょうか？　お医者さんは薬を自分たちでつくりませんが、工事店は商品づくりに時間がかかるため、長い時間をかけて「現場」という「商品」をつくる計画や、段取りに必要な考え方を持っていたりします。また、1件の単価がきわめて高いため、失敗は許されない「正確さ」を求められます。

ほかにも、医者になる方は大学で医学を専攻して専門的に学んで卒業される方ですが、工事店に入社する方は、中学卒業の方も多く、実務の指導においても専門的な言葉をあまり使わず、カンタンな表現での指導を求められることなどがあります。

このようなことを通して、あなたの工事店の「事業の本質」がどのような姿なのかを、社長であるあなた自身につかんでいただくことが、まず最優先となります。

では、もう少し具体的に説明をいたしましょう。たとえば、工事店社長の多くの方は、経験則より以下のような指針をお持ちだと思います。

「誰も見ていないところでも、絶対に手を抜かないこと」

なぜなら、誰も見ていないところだからといって手抜きをするという行為はお客様に対する裏切り行為でもあると私は考えています。そして、一度、手抜きをする自分を認めてしまうことによって、自分という人間が堕落するため、絶対に手抜きは許されません。さらには、後々、それは回り回って自分の技術に対する悪評にもつながっていくため、最終的に自分で自分の首を締めることになります。だから、誰も見ていないところでも、絶対に手を抜かないことを心がけてください。

これは、先ほどの「事業の本質」の視点からいきますと、施工品質に関わる視点になりますよね。このように社長が日々指導している内容を丁寧な言葉で考えてみてください。

「どんなに辛い仕事でも、絶対に愚痴を言わないこと」

仕事とは自分との戦いです。愚痴を言うということは、自分との戦いに自分が負けることとなります。自分に負けるということは、自分の向上がそこで終わるということにもなります。

だから、現場に対する不満も絶対に言わないように心がけなければいけないし、仲間に対しても愚痴を言ってはいけません。愚痴を言いたくなってもぐっとこらえて、すべては自分の努力不足と受け止め、精進しましょう。

これは、先ほどの視点からいきますと、「理念ビジョン共有」に当たりますよね。このようなこともよく社長が話しているのを聞きます。そのほかでは、

・チームワークよくやろう
・正確にやろう
・明るく元気に！
・礼儀正しく
・段取りよく

……など。普段の仕事のなかで、社長が頻繁に口にしていることをまとめておいてくださいということです。

このように、じつは、多くの工事店が、先ほど提示した5つの「事業の本質」に沿った考え方を普段から繰り返し伝えているのです。

このようなことを理解した上で、自分の言葉でしっかりと考えてみるのです。

そして、普段から口頭伝達をしていることの1つ1つを記載してみてください。

そして、その後は、言語化した冊子（ここでいう、工事店スタンダード・ガイドブック）を見せながら、指導を行ってください。

その際のポイントです。人に指導をするときなどは、話し方もわかりやすく丁寧な言葉を心がけてください。また、社長がいつも繰り返し伝えることや、いつも考えている大切なものは、おおよそ5～7個以内にまとめるとよいでしょう。

・あなたが大切にしていきたいことを、事業の本質に基づき、他業種と比較をしながら書き出してみてください。

PART
⑥

うちの仕事に対する「考え方」（事業の特徴に基づく行動指針）

PART⑤では、事業の本質に基づく行動指針を考えてみましたが、ここでは主に、建築系の同業種と比較して、「事業の特徴に基づく行動指針」を考えてもらいます。これにより、さらに「うちのやり方」の浸透が加速します。

じつは、工事店によってそれぞれ仕事のやり方が違う理由は、取引先様が違うからです。たとえば、同じ塗装店であっても取引先が違うからこそ、仕事を行う上での考え方が若干違うのです。具体的には、次のように大きく分けることができます。

a. ゼネコンなどが元請となる大きなビルやマンション現場
b. 役所が元請となる公共工事などの現場
c. 工務店が元請となる新築の住宅現場
d. 設計事務所などが元請となるマンション改修などの現場

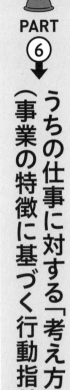

e．工務店やリフォーム店が元請となる住宅リフォームの現場

f．自社が元請になる住宅リフォームの現場

このような現場によって、仕事のやり方や考え方は若干違うのですが、職人から見ると、どれも同じような「仕事」にしか見えないため、現場によって「考え方」が違うということを見抜くまでに時間がかかるのです。

カンの悪い人の場合、一生気がつかないこともあるほどです。気がつかないと、どういう事態を招くのでしょう？　気づくまで怒られ続けますし、無能呼ばわりされ続けたり、場合によってはいじめられたりしてしまいます。つまり、「あいつは、うちのやり方で仕事をやっていない」という状況は、主に、このようなシチュエーションから発生しているのです。

行動指針をまとめて職人の定着率をアップさせる

これからご紹介するエピソードは、私が関わっている工事店で日常茶飯事のように

起きている出来事です。

たとえば、ゼネコンなどが元請となる大きなビルやマンション現場などで仕事を行ってきた職人が、住宅リフォームがメインの工事店に入社したとします。

住宅リフォームの現場においては、常にお客様を目の前にした仕事をするため、接客面を意識しており、人柄としては温厚。そして、きめ細かな仕事をするのが全般的なスタイルです。

ところが、ゼネコンなどのビルやマンション現場などで慣れてきた職人は、この住宅リフォームの現場を見るとなんだかなよなよしているように見え、仕事らしい仕事をしていないように見えてしまい、どうも馴染めないのです。なぜなら、常に男性社会のなかで仕事をしてきているため、仕事のスタイルとして、大胆かつ豪放磊落だったからでしょう。それはよい部分でもあるのですが、住宅リフォームの現場に入ると、「仕事が荒っぽい」と指摘を受けることがよくあります。

これは、あくまで1つの事例ですが、先ほど提示したaからfまでの仕事によって「仕事の考え方」が違うために、日本中の工事店で起きているストレスです。

このようなストレスがなくなるだけでも、職人の定着率ははるかによくなります。

そのためにも、「うちの仕事をやる上で絶対に守ってほしい仕事に対する考え方（＝事業の特徴に基づく行動指針）」をあらかじめ、まとめておいてください。そうすることで、転職をしてきた職人が新しい職場に馴染むスピードが確実に早くなります。職場に馴染むことができるようになれば、職人の出入りも少なくなります。働く職人にとっても仕事を長く続けられる環境が与えられることになりますし、会社にとっても職人の定着率がよくなる効果を発揮します。

その結果、会社も発展して、業界も発展していきます。必ずそうなります。

職人の定着率を上げるには、事業の特徴に基づく行動指針を、おおよそ2〜3個までの範囲に絞り込んで考えてみることがポイントの1つです。

そして、あえてほかの種類の現場を行っている同業者と比較して、自社で守らなければいけない「仕事に対する考え方」を書き出してみるのです。

例）うちの仕事は●●現場（●●からいただいている仕事）がメインです。だから、◎◎のような現場で心がけることとは違い、▲▲ということに気をつけてくださ

い。（▲▲ということを心がける必要があります）
具体的には、■■■ということを行ってください。
×××ということは行ってはいけません。

じつは、このように表現することで、社長や既存の社員の方が「うちのやり方」と言っている「やり方」を「認識」してもらえるようになります。すると社長は、社員が「うちのやり方」を理解していないのか、理解はしているけど実行ができないのか、そもそも理解をするつもりもないのか、などが明確にわかるようになります。

これだけでも、「この社員はうちのやり方をわかっているのか、わかっていないのかがわからない……」という、いままでのような手探りの不安な状態がなくなるため、社員を育てていけるようになります。

認識をするためには、「無用の用」という部分も必要なのです。だから、あえてほかの種類の現場を行っている同業者と比較してみることが大切なのです。

・同業種と比較して「うちのやり方」を書き出してみてください。

PART 7 自分という人間を信じてもらう

すべてをさらけ出せば信頼される

多くの人から信じられるために、最も大切であるといえるのが「自分自身をさらけ出す」ということです。

人は何か隠し事をしている人を信じたいと思うでしょうか？　思いませんよね。また、何を考えているかわからない人に対しても信頼を寄せにくいものです。

自己をさらけ出すからこそ、人はその人を信頼し、その人についていきます。

では、どのようにさらけ出したらよいのでしょうか？

いまは自費出版などで自叙伝などを書く人も増えていますから、そのような自叙伝を書くこともそのうちの1つです。

ところが、まだ若い方の場合や、人によっては「それほど書く内容もないよ……」

という場合もあるでしょうから、そのような場合には以下のようなことについて書いてみてください。

■書いていただきたいテーマ
◎幼少期の自分
◎少年期の自分
◎社会に出るまでの自分
◎社会に出てからの自分（修業時代、独立当初　ｅｔｃ）

■盛り込みたい内容
◎自分の長所と短所
◎自分の成功体験と失敗体験
◎自分の嬉しかったことと辛かったこと

これらが具体的に現れている状況を書いてみてください

■それ以外に書きたい内容
・自分の結婚と結婚観
・自分の人生について（どのような人生を生きていきたいのか）
・自分の家族について
・社員に対する思いについて

最初は、すべてではなくても◎を中心に書いてみてください。

小さな会社も、その会社の社長も信頼されにくいものです。それは、誰がどこで会社を経営しても同じです。

よく皆さんは「オレは人間的に未熟だから社員に信頼されない……」「学校を卒業していないから信頼されにくい……」などと勘違いをしていることも多いのですが、あなただけが信頼されにくいということではありません。誰が行っても創業時の頃は信頼されにくいものなのです。


では、何を信じてもらえばよいのでしょうか。

それは、「会社名」でも「ロゴマーク」でもなく、まず社長自身です。

そもそも、社長自身の技術や実績すらすぐに確かめることができないのですから、社長自身の人間を見て、信じてもらうことしかできません。

ただし、よいことばかりを表現しても、一般的にもよいことばかりいう人間は信じがたいと感じるものです。

だから、普通なら隠しておきたいことや言いたくないことなどをあえてすべて正直にオープンにして、さらけ出していただきたいのです。

自分が生きてきたすべてをさらけ出して、自分の考え方を共有するということは、温泉旅行に何度も出かけたり、お酒を飲んで本音を語り合ったりということを何度も行う以上の効果があります。

社長自身の人間を信じてもらうとは、このようなことを言います。

このような開き直りの姿勢に、少しでも人間的な凄みを感じてもらえるようであれば、人は信じてくれるものなのです。しかし、いきなり多くの人が信じてくれるということはありません。1人、また1人、という感じで、少しずつ社長を信じてくれる人の束を増やしていくイメージです。

一方で、「仕事で示して、信じさせる」という考え方も当然あります。

ところが、「仕事ができるから信じてもらっている、人間的には信じてもらおうとは思わない」という状況では、部下は仕事を覚えたら、社長の元を離れるようになります。

それは、考えてみれば当然の理です。なぜなら、人間的に尊敬もできないのですから、仕事ができないうちは素直に言うことを聞きますが、仕事面で対等になった段階で、あえて社長についていく理由がなくなってしまうからです。

ですから、工事店では「若い職人は仕事を覚えたら辞めていく」というのが業界の慣習のようになっているのです。そのため、社長は仕事面だけではなく人間的にも信じられることを心がけていただきたいのです（ここ非常に重要です）。そして、人間的にも信じられるだけではなく、「この人についていけば、自分の人生も安心できると思われるだけの先見性や経営力を持てるように！」と、目標を持ってください。

そうすることで、必ず、社員（職人）はついてきますから。

PART 8

「うちの仕事のやり方」＝「職人養成マニュアル」を作成する

次はいよいよ、「うちのやり方」＝『職人養成マニュアル』を作成します。これにより、さらに「うちのやり方」が社員に浸透していくことになります。

また、ここで私が伝えたいことは、どれほどよい「仕事のマニュアル」を作成しても、工事店においては、まず、社長の「理念」や「ビジョン」「行動指針」といった「考え方」に心の底から賛同してくれる方と一緒に仕事を行うということが大前提であり、その後、「職人養成マニュアル」を作成してくださいということになります。

※この順番が逆になっている状況では、本書で目指している効果は十分に発揮されません。

職人養成マニュアル作成にあたる心がまえ

作成をすすめるにあたり、「どこまでまとめればよいのですか？」と聞かれることがありますが、基本的には「すべて」としか言いようがありません。しかし、社長の時間も有限であることから、重要なものから順番にまとめればよいでしょう。

・わざわざ自社で作らなくてもよいのでは？

「いまは社外での技術者育成研修などがあるから、それに社員を参加させれば同じことではないですか？」と聞かれることもあります。それに対してはこのように答えましょう。

「あなたの会社の『うちのやり方』を教えなくてよいのですか？」と。

（ただし、なかなか職人養成マニュアルを作成できないということもありますから、社外マニュアルを使う場合も確かにありますが、その場合には社長自身が、そのマニュアルをよく理解した上で、活用することをおすすめいたします）

・人材なんて育ててもムダなのでは？

いまはどんどん時代が変わっていくのに、そのように悠長にも人材を育てている時間などあるのですか？　という質問もあります。

それに対しては、いつもこのように回答しています。

では、誰も仕事を教えなかったとしたら、この業界はどうなってしまうのでしょう?素人だらけの業界になってしまいますよ、と。

ですから、少し古臭い考えのようにも感じますが、シンプルに言いますと「自社の技術者は自社で育成した会社が生き残る」という原理原則に沿った経営を行っていきましょう、ということになります。

それから、「どうせ教えてもいずれ辞めていく人間になんか教えたくない……」という意見もあります。

その場合には、ルール4「採用戦略」でお伝えしているとおり、人選が必要になります。つまり、自社の人材を育成するのは社長。その責任者は社長であり、採用はもちろん、養成マニュアルも社長が責任を持って作成していく、実施していくというのが基本だということです。

・社長の頭の中にある「うちのやり方」が明確になる効果もある!

社長自らが採用も養成マニュアル作成にも携われば、社長の頭の中で「うちのやり方」という具体的な体系が明確になりますので、その後の指導もスムーズになります。

ですから、この「職人養成マニュアル」は職人を養成するためのものだけではなく、「社長を社長として養成」するためのワークでもあるということになります。

自ら苦労をして作成した「職人養成マニュアル」に基づいて人材を指導していくことを考えると、入社時の人選にも、さらに慎重になることでしょう。

では、次には、どのように「職人養成マニュアル」を作成していけばよいのかを説明いたしましょう。

職人養成マニュアルの作成の手順

職人養成マニュアルを作成するポイントは5点です。91ページの図をご参照ください。

①マニュアルにする「作業」を決め「作業名」を決めます。
（これは本でいうとどの内容を本にするか、を決めるような位置づけになります）

②それぞれの「作業区分」に「作業」を決めます。
（これは本でいうと章立てのような位置づけになります）
③それぞれの「作業」の中に「作業項目」を決めます。
（これは本でいうと章の中の節のような位置づけになります）
④それぞれの「作業項目」に対して、説明書きを考えます。
⑤それぞれの「作業項目」の進捗度合いをはかるために、４段階の列をつくります。

なぜ進捗度合いをはかるのは４段階なのでしょう？　別に３段階でも、５段階でもよいではないか、と思われる方もいると思うので、詳しくご説明します。

それぞれの段階は以下のようになります。
段階１：まったくできない
段階２：方法を教える必要がある
段階３：できるが確認が必要
段階４：任せて１人でできる

図：職人養成マニュアル

① 作業名			○○○○作業				名前
		③	進捗度合 ⑤				④
② 作業区分	No.	作業項目	まったくできない	方法を教える必要	できるが確認が必要	任せてできる	基準項目（説明）
○○○○	1-1						
	1-2						
	1-3						
	1-4						
▲▲▲▲▲	2-1						
	2-2						
	2-3						
	2-4						
	2-5						

これが大まかな「職人養成マニュアル」の作成の仕方です。

上司は、自分の部下を上記の４段階で見ておくということになります。そして、それぞれに対する対応は左の概念図のとおりです。

そして、「職人養成マニュアル」は、おおまかに以下のように活用します。

職人養成マニュアル活用の仕方

ここでは、「職人養成マニュアル」をどのように活用するのか、について説明します。

1．部下をジャッジするためのものではない

ここで、最初に間違ってほしくないのは、この「職人養成マニュアル」は、単に通知表のように、部下を「ジャッジする（裁く）」ためのものではないということです。

ジャッジしないということは、上司が「お前はまだ、養成マニュアルが全然できていないから、さっさと覚えろよ！」というような立場に立つのではないということです。そうではなくて、まず部下１人に対して「上司１人」が技術習得の責任を持つ立

場としてつきます。

そして、その上司、部下が一緒になり「職人養成マニュアル」に沿って、技術を習得していくことになります。

育成していくとは、すべてが「段階4」になればよいということです。

2. 部下の独り立ちを促進するために活用するものである

ただし、あまり厳格にしすぎてしまうと、「誰も育たない……」ということにもなりかねませんから、絶対外してはいけない主要な部分を90％以上の項目として決め、それ以外は「段階3」であっても「通過」とし、その後、中長期的に「段階4」に持っていくとい

図：職人養成の概念図

	段階1	段階2	段階3	段階4
	まったくできない	方法を教える必要	できるが確認が必要	任せて1人でできる
上司の役目	意欲を引き出す	具体的に指導する	確認をしてあげる	目標を設定する
実際に心がけること	楽しさや魅力を伝え、やりたい気持ちになってもらう	母の「心の位置」で自信をつけてあげる	独り立ちの不安の払拭。報告をしっかりしてもらう	夢を提示する。ようやくここからビジョンを共有して一緒に“仕事”をしてもらう段階

うことでもＯＫです。その加減は各社によって決めてもらっています。

　繰り返しますが、あくまで、この「職人養成マニュアル」とは、ジャッジするためのものではなく、独り立ちを促進するために活用するのが基本的な趣旨です。

3．感情的な指導から具体的な指導へ

　もちろん「一緒になって技術を習得していく」と言っても、甘やかすということとは違います。いままでどおり仕事に対する厳しさを持って指導をすることは大前提ですが、仕事に対する厳しさが「感情的な厳しさ」や、「人間否定」につながらないように、職人養成の概念図を、参考にしながら技術の習得を進め

小さな工事店は考え方を共有することで組織がいっそう強くなる
（重要度の割合）

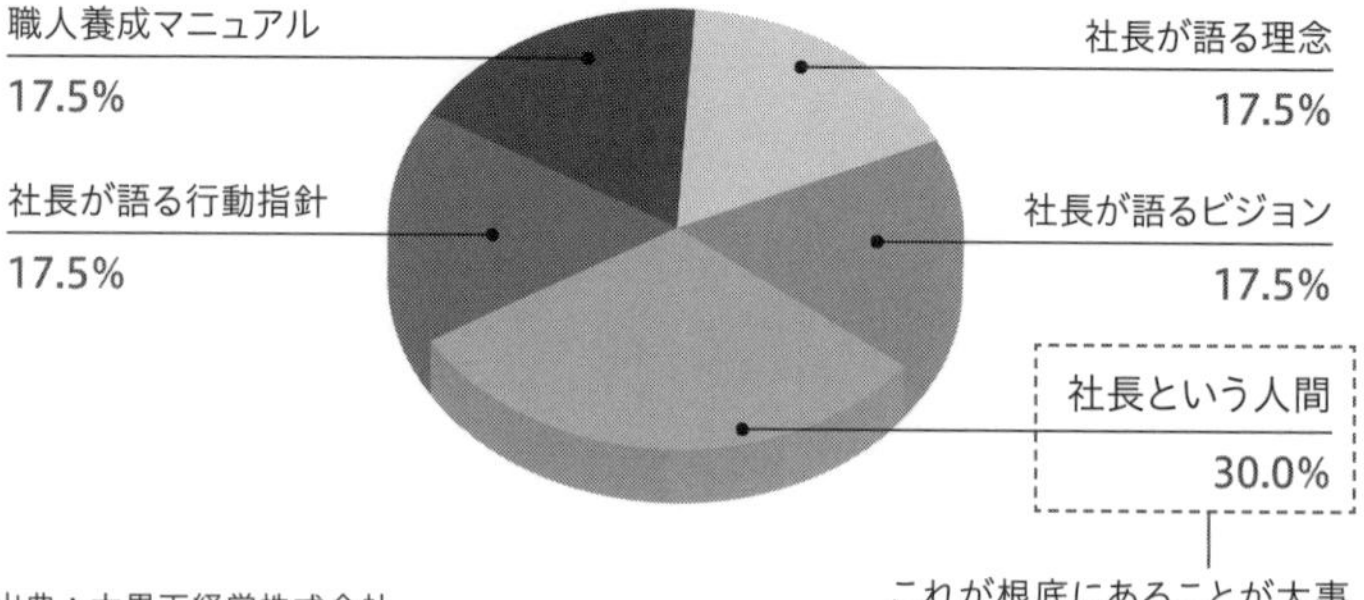

出典：大黒天経営株式会社

てください。

繰り返しますが、会社の小さなうちは「社長という人間」を100％信じてもらい、社長の考え方を100％信じてくれる人と共に仕事を行っていくことでしか、経営は長く成功しないものなのです。

それを行っていくために、この「我が社の仕事のやり方・考え方冊子」＝「工事店スタンダード・ガイドブック」の作成を行うのです。

「社長という人間」を信じてもらうことが根底にあり、その他の4つの要素が漏れなくあることで、工事店という組織は結成され、会社の成長が促進されていきます。

夢を描き実現しよう！

では、この「工事店スタンダード・ガイドブック」ができた結果、どのような現実があなたの元に広がるのでしょうか？

職人たちは、あなたの会社でキャリアを積み、老後まで長く働くことができるようになります。その結果、あなたの会社は安定した仕事の提供ができるようになるため、繁栄していきます。

営業面においても、自信を持って営業活動ができるようになるでしょう。

そのような会社には、さらによい職人が集まるという善循環が生まれます。なぜなら、多くの工事店は現在も、いつ仕事が切れるか不安な状況下であるため、そのような工事店に勤めている職人たちも、次第にあなたの会社に集まってくるからです。

まずは、このような夢をイメージして取り組んでいきましょう。

逆に、いい職人を育成することとは正反対に、仕事の受注ばかりを先行して考え続けている間は、あなたには永遠に不安がつきまとっていくことでしょう。

もしも、あなたが何も変化しなかったら？

一方で、もしも、これからもあなたが「工事店スタンダード・ガイドブック」を作らなかったとしたら、どうなるでしょうか？

社長自身の体力が続くまでがむしゃらに頑張り、体力の限界と共に倒産、もしくは廃業。なかには素晴らしい息子さんがいて後を継いでくれる幸運もときにはありますが、息子さんがいても、親父と同じ仕事はしたくないと、ソッポを向いてしまうことも多々あります。

冷たい言い方のようにも聞こえますが、もしも、あなたがいま変わろうとしなければ、おそらく、そのような多くの工事店と同じ結末を迎えるようになります。90％以上の確率で起きている事実ですので、これはほぼ確実な話なのです。

では、そのような工事店で働く職人の立場では、どのような現実があるのでしょう？

会社の将来が不安定だと職人は転職を考えなければなりません。転職を繰り返し続けると、老後は大変不安な人生が待ち受けています。

現実的な世界では、50歳になっても転職し、60歳になっても転職をし、文字どおり、死ぬまで働かざるをえない人を私はたくさん見てきました。

年を取ってからの転職はとても厳しく、体も頭も若いときのようには動かせません。だから、なかなか新しい会社にも馴染めないため、昔お世話になった会社にもう一度、戻ったりするものです。その会社が存続していればよいですが、なくなっている場合もあります。このような人生を生きてしまえば、家族にも一生涯迷惑をかけ続けてしまいます。

もしも、自分の家族がいない場合はどうでしょう。

ある朝、「○○さん、出勤しないからおかしいな……」と思って、住んでいる1Rマンションに呼びに行ってみると、亡くなっていたなんてことも実際によくある話です。このような話は、現実としてある話ですが、それを避けるためにはどのような生き方をしなければいけないのだろうか、ということは誰も教えてくれないのです。

だからこそ、工事店の社長は、健全経営を志し、職人の育成においても責任を持って実施しなければならないと私は考えています。また、このようなことから工事店の社長が職人さんに信頼され、ついてきてもらうということは、非常に重大なこととおわかりいただけると思います。

建築・建設業界の発展に不可欠な職人の育成

職人さんが定着しないことは、会社には技術が蓄積されず、会社の後継者も育たず、かつ、業界も先細りになってしまいます。

いま、建築・建設業界では若い職人が年々減ってきており、高齢職人の割合が年々増加しています。これは、これまで工事店の私たちが職人を育成しきれていなかったということが原因ですが、私たちはいまからでも、自社で技術者・職人を育成していく必要に迫られているのです。そのためにも、工事店社長は、「工事店スタンダード・ガイドブック」を作成し、社員（職人）と共有をしていくことから始めてください。

工事店を繁栄させることと、その先にある建築・建設業界の健全発展のためにも。

工事店スタンダード・ガイドブックの概要

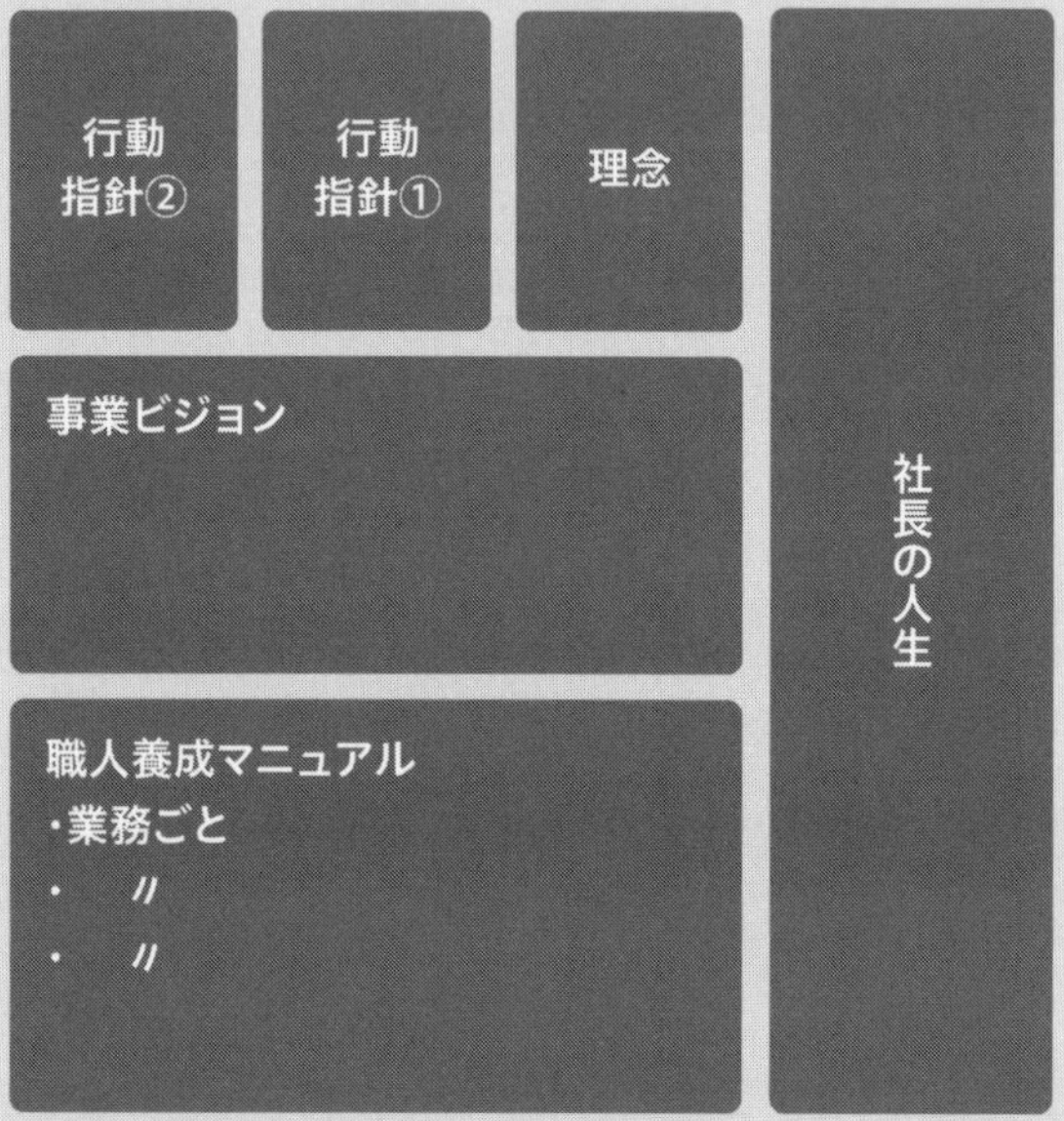

小さな工事店の社長が
「うちのやり方」と語ることのなかには、
上記のようなものが含まています。

工事店スタンダード・ガイドブックの全体像

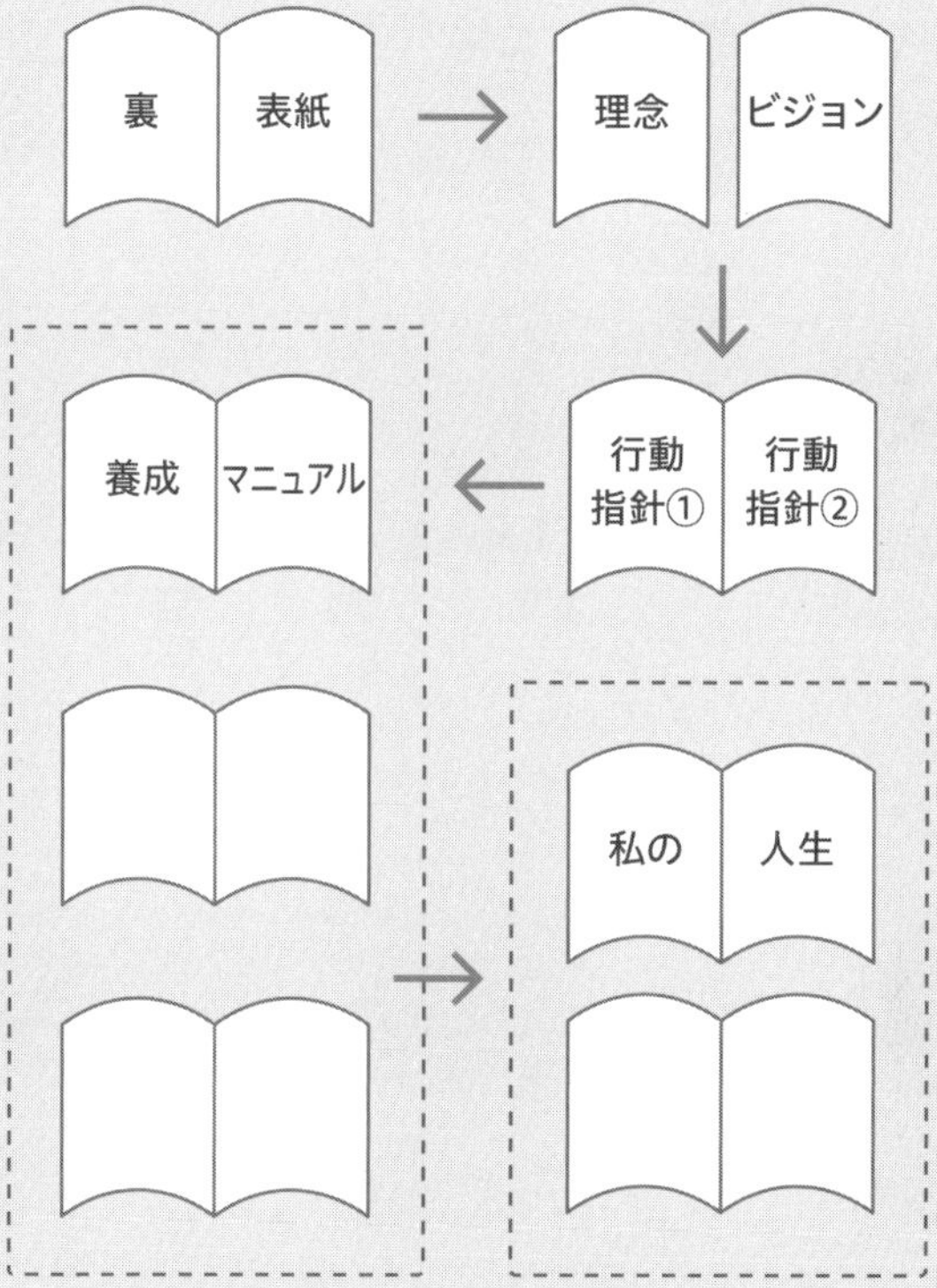

このようになっています。
※大きさはA5サイズ程度

工事店の
社長が
すべきこと

会社をつくるとは、
考え方を共有し続けること。
そのためにも
「工事店スタンダード・ガイドブック」
を作成しよう。

ルール

3

実務能力

～仕事の進め方で損をしていませんか？～

成功する社長は、現場仕事のみならず、
実務能力も磨いています。

工事店の社長は、技術力だけあっても務まりません。会社を成長軌道にのせるためにも、自分に足りないものを見つけ、日々学び続ける謙虚な姿勢が必要です。

ビクッ
馬鹿野郎！
うちは忙しいんだ
いい加減にしろ！
ほう？
いい度胸してる
じゃねえか。
住所教えろよ。
……ひどい
言葉遣いだな。

出来内さん、次の現場の工程表はできました？
元請工務店
営業担当
生井《なまい》気奈男《きなお》
下請塗装屋社長
出来内《できない》塗矢《ぬりや》
あ、いやまだ…
え～、困りますよ。
明日までにエクセルデータでまとめたものをメールしておいてくださいよ。
あ、ああ……。

おい、今日ちょっと残って工程表作ってくれねぇか？
え〜、それ昼間社長がするって……。
…ま、まあそうなんだけどよ。
俺にはほかにやることがいっぱいあるからそういう簡単な仕事は誰かに任せたいんだよ
無理ですよ。俺これから約束あるんで。
うっ……。

“面倒なことは人任せ”では、社長も会社も成長することはありません

PART 1
自分に何が足りないのかをしっかり把握する

自信とプライドにはワナが潜んでいる

第3のルールは、勉強すること、学ぶことの大切さです。

有能で会社を成長させる工事店社長は、まずご自身が自分に足りないところ、自分の知らないことと向き合い、勉強を辞めません。

いまさら勉強？　と思いますよね。勉強が嫌い、苦手でこの世界に入ってきたのに、という社長さんも少なくないでしょう。ただし、ここでいう勉強とはいわゆる学校の勉強とは少し違います。言い換えれば、日本のどんな職業でも大切にされている、ごく基礎的な仕事能力を身につけることです。

そこで今度は、こんな質問をしてみましょう。あなたはいままでを振り返って、自分自身を「仕事ができる」人間だと思いますか？

正直な気持ちで答えてください。

「オレは仕事ができる！　だからこそ、今日までやってこられたんだ！」

もちろん、その答えでいいのです。まったく仕事ができないなら、職人としても経営者としても今日まで生き残れませんでしたから。ただし、こうした気持ちにはワナも潜んでいることを知っていただきたいのです。

私が６０００社もの工事店社長とお目にかかって頻繁に感じるのは、非常に技術が高く着実に仕事をする社長さんから、「あれっ？」と言いたくなるような、ちょっと待ってくださいと思ってしまうような扱いを受けてしまうことです。

具体的に言いますと、相手を立てた話し方、仕事の段取りや順序立て、そして新しい知識への興味と吸収などです。

せっかく素晴らしい技術を持っているのにも関わらず、こうした「基礎的な仕事能力」の勉強に取り組まれていないことで、社長としての成長も、会社の成長も止まってしまっているという状況をたくさん、たくさん見てきました。

「知らない世界がある」ことを知っていますか？

失礼を承知で、はっきり申し上げておきたいことがあります。

すぐれた技術をお持ちなのに、話し方がぶっきらぼうで自己中心的で、仕事の段取りもめちゃくちゃで、新しいことを知らず魅力的な提案のできない方は、「オレは仕事ができる！」という誇りとプライドのせいで、「裸の王様」と同じ状態に陥ってしまっています。

なぜこうなってしまうのでしょうか。

工事店社長は高校や大学に進学して勉強するよりも、少しでも早く社会に出て、駆け出しの職人として仕事を学び、ときに怒鳴られ、殴られながら一人前になった方がほとんどです。工事関係の仕事、工事関係の会社以外を知らず、一般企業に勤めた経験も、アルバイトまで含めてまったくないという方が大多数です。そのような状況から、いわゆる「一般企業」の仕事を知らないまま、「オレは正しい、仕事ができる。

仕事ってのはこういうもんだ」と思い込んでしまっているのです。

いままでの自分の経験に、プライドを持つことが悪いというのではありません。しかし、そのせいでほかの世界にいる人たちの言うことにほとんど耳を貸さなくなってしまうことは大問題です。

本当は、世の中の誰もが、工事店社長と同じような錯覚を起こす可能性があります。東大卒のエリート官僚は民間企業を知りませんし、大企業の社員は中小企業を知りません。自動車メーカーの工場で働く人は電機メーカーを知りませんし、花屋さんは工事店で職人を務めたことなどないでしょう。

いくら世の中で転職が当たり前になったからといって、世の中のすべての会社、すべての職業を渡り歩くことなど絶対にできません。したがって、誰にでも知らない世界はたくさんあるわけです。また、どんな会社の経営者でも同じことがいえます。自分の会社以外を経営したことのある人なんて、ごくひと握りです。

では、そのなかになぜ有能な人とそうでない人がいるのでしょうか？

「自分が物事を知らない、ほかの世界を知らない、ということを知っているから」です。

エリート官僚は、民間企業に勤めた経験がないからこそ、民間企業ではどのようなやり方をしているのかを、本や雑誌で読んだり、人から聞いたりして学びます。官僚の世界を知らない人に対して、素人扱いはしません。また、できる営業マンなら、指名ナンバーワンのキャバクラ嬢から、人の心を和ませる会話術を学ぶこともあります。

その一方で、工事店の現場ではどうでしょうか。お施主様や元請様が、現場に口出しをしてきたときなどには「仕事も知らないクセして、あれこれ言うなよ」などと心の底で思っていませんか？

時にクレームが発生した現場などにおいては、自分たちの能力不足を棚に上げて「ほんと、無茶なことを言う客だよな……」「悪い客に当たったな」などと思って、「ひとまず、嵐が通り過ぎるのを待て」と言わんばかりに、ただ言いなりになっていたり、時が過ぎるのを待っているだけではありませんか。

また、そんなあなたの会社では、上司からの指示であっても、自分が知らないことを楯にして「それは無理です。できません！」「○○さん、いつも、無茶な仕事ばかり取ってこないでくださいよ！」などと言い返したりする部下がいませんか。

これらはすべて「自分には知らないことはない」「自分は、教わったとおりにやっているのだから間違っていることはない」と思い込んでいる姿勢です。

ところが、繁栄している会社の社長は、何かのきっかけで、この考えが間違いであるということに気づき、それからは何かあるたびに自分の考えや仕事を点検し、改め、いまの自分に何が足りないのかを考えて勉強しているのです。

つまり、社長であっても知らないことはたくさんあり、学ぶべきことはたくさんあるということを知った方ほど、素直な気持ちで人の話を聞くようになり、欠かさず勉強するようになり、業績を伸ばしているのです。

それでは、いざ気持ちを改めて、会社を発展させるために社長が備えるべき「実務能力」について学ぼうとする際、どのようなことを学べばよいのでしょうか。

私がまず真っ先に工事店社長の皆様に提案したいのは、「会話力」、「段取り力」、そして「企画提案力」の3つの力です。それぞれ具体的に考えていきましょう。

社長として身につけたい3つの実務能力

その1　会話力

「会話力」の基本中の基本は、どんな相手にも紳士的で、平等に接することです。忙しい時間に、営業の電話がかかってくるのは本当に迷惑です。私にも経験がありますが、ついついイラッとしてしまいます。

しかし、だからといって、八つ当たりしたり、怒鳴ったりはしません。「うちは結構ですので」、「かえってお時間を取らせてしまいますので」などと、丁重にお断りします。電話の向こうにいる相手も、仕事だからかけているのです。そして、もしかしたらいつか本当に必要になってお世話になることがあるかもしれませんし、逆にこちらのお客様になってくださる可能性だってあるわけですから。

しかし、工事店では、こんな言い方をしている人が少なくないのです。

「なんだと？　この野郎！　てめえ、誰に向かって口きいてやがるんだ！」
「断っているだろ？　聞こえないのか？　いい加減にしろバカ野郎！」

ヤクザ映画のせりふかと思ってしまうような言葉遣いを、平気でしてしまうのです。迷惑電話なのだから、ひどい言葉遣いでもかまわない、という人は、実際にはお店の店員にも、仕事の現場でも、職場の仲間や部下に対しても、ぞんざいでひどい言葉を使ってしまっています。そのくせ、立場の強い相手にはこびてしまうのです。残念ですが、これでは「子どものまま」です。

大人は決してそんなことはしません。相手が取引先の社長だろうと自分の部下だろうと、どんな相手に対しても、不快にさせない言葉を使います。

これは、とても紳士的な行為です。紳士は、相手のランクを見て言葉遣いを変えたりはしません。相手を不快にさせるような言葉遣いは絶対にしません。

紳士は、相手の中に自分との違いや自分が絶対に持っていないものを見て、そこに敬意を抱きます。この人すごいな、という気持ちを持てれば、決してぞんざいな口はきけませんよね。

また、紳士は相手の言うことを必ず最後まで聞きます。たとえ自分の意見とは違っていても、たとえ自分が責められているとしても、最後まで、いやな顔ひとつせずに相手の話が終わるまで聞きます。なぜなら、相手はその話をいましたいからです。そしてなぜ相手がいまその話をしたいのかは、最後まで聞いてみない限り絶対にわからないからです。途中で「それはできない」とか、「それはウチのせいじゃない」、「悪いのはオレじゃなくてあいつだ」などとは言いません。表情も決してゆがめたりはしません。

付け加えると、紳士は紳士ではない人からひどいことを言われたとしても、絶対にそこで紳士的な態度を止めたりはしません。言いたいことがあっても飲み込みます。

社会では、会話はこういう形で成り立っているのです。

どんな場面、どんな相手、どんな話題や議題であっても、それどころかちょっとした立ち話であったとしても、常に相手を敬い、平等に接し、相手の話を最後まで正しい態度で聞くのです。そうすれば、相手はあなたの話も一生懸命に聞いてくれるはずです。

同時に社会では、こうした会話、こうしたコミュニケーションができない人は、残念ですが仲間はずれにされていきます。オレは一匹狼だからそれでかまわない、などというわけはありません。そうした考え方が受注減に直結しているのですから。

あなたの周りに、紳士的な会話力を持っている人がいたら、ぜひ観察してみてください。残念ながらいない場合は、テレビやラジオの中になら確実にいますから、気をつけてチェックしてみてください。どんな話し方なのか、どんな間の取り方で、どんな言葉遣いで、どんな表情なのか……。そして学べるところはどんどん真似してみましょう。左に、正しい話し方とNGな話し方を一覧表にまとめてみたので、ぜひ参考にしてください。

同時に、最近は会話だけではなく、メールのやりとりが増えました。メールは落ち着いて言いたいことを書くことができ、お互い忙しくてもやりとりができる一方で、書いた文章が半永久的に残ってしまいます。文面に感謝の言葉、気遣いの言葉はある

※こちらは社長だけではなく、社員の方にも当てはまる内容としてコピーして活用ください

状況	NG工事店	繁栄工事店
朝の段取りや朝礼時	・ムスッと不機嫌	・明るく快活！
会話について	・自分の言いたいことを言い切ることが大事 ・自分が言いたい順番に言う ・感情的に気の向くまま話す	・相手に感じよい印象を与えることが大事 ・終始落ち着いて話をすることを心がけている
電話での対応	（はっきりしない声で） ・……ぁ、もし、もし？	（明るい声で） ・お電話ありがとうございます。〇〇工事店でございます。 ・はい、〇〇工事店の〇〇（自分の名前）です。 ・はい、〇〇（自分の名前）です。 ・いつもお世話になりありがとうございます。 ・はい、少々お待ちくださいませ。 ・はい、お電話代わりました〇〇です。
営業の電話がかかってきたとき	・感情的に断る（お前、何度言ったらわかるんだ!? etc）	・紳士的に断る（うちは結構です）
相手が話をしているとき	・自分の言いたいことがあったら、その瞬間に話を遮ってでも言う ・相手の顔を見ない ・体を真正面に向き合わない（斜に構えて話を聞く） ・貧乏ゆすりをしながら話を聞く ・反対意見や否定をしながら聞く	・自分の言いたいことがあっても、相手が言い終わるまで話をじっくりと聞く ・相手の顔を見ながら話を聞く ・体を真正面に向けて話を聞く ・メモを取りながら話を聞く ・相槌を打つ

状況	NG工事店	繁栄工事店
相手から自分と違う意見を言われたとき	・反発する ・自分とは気が合わない敵だと認識する	・受け入れながら、じっくりと最後まで話を聞いてみる
部下に対して業務指示（確認）をするとき	・なめられてはいけないので、「おい、お前！これやっとけよ。わかったか？」等と力強く命令する	・相手を尊重し、具体的（数量・期限等）にわかりやすく指示をし、終わったら、報告を求める。 例）「〇〇時までに、これこれを、ここまで実施しておいてくれますか？終わり次第、報告ください」
上司に報告するとき	・自分の言いたいことを言いたい順番に話す	・結論からわかりやすく話す 例）「いま、少しお時間よろしいでしょうか？〇〇の件で報告をさせていただきたいのですが……」
上司から注意を受けたとき	・頑張ってきた自分を真っ向から否定してきたのだと理解し、反発する	・自分に足りない点を指導してくれていることに感謝をする（場合によってはメモを取りながら、しっかり話を聞く） 例）「ご指摘ありがとうございます」
外部の方から自分では答えられない質問をいただいたとき	・「ちょっと自分。わかんないんす」 ・「あ、いま、社長いないんで、また後でかけてくれますか？」	・「はい。ありがとうございます。ただ、あいにく私ではわかりかねますので、改めて確認の後、ご連絡を差し上げるということで、よろしいでしょうか？」と、メモを取りながら相手のご要望を正確に確認をする
外部の方からご注意をいただいたとき	・「あ、はい……」	・「はい。ご指摘ありがとうございます」 （あわせて上司・社長に報告する）

のか、敬意がこもっているか、不快にさせていないかなど、会話以上に気をつけていきたいものです。以下に参考事例を載せておきます。

メール雛形 参考事例

①外部業者様への連絡など

日々の業務的なやりとりにおいても、このようなメールを送信することだけで、しっかりした感じ＝信頼感を与えることができます。

それによって、次の仕事を依頼されやすくなったりすることも多々あります。

仕事での「信頼」は、現場作業だけではなく、日々のコミュニケーション（メールもコミュニケーションの１つです）からも生まれるものですね。

②社員へ

工事店の方とのやりとりで、かなり多いパターンです。多くの人が行っているため、「工事店でのやりとりは、これでよいのだ、これが当たり前だ」「わざわざメールの書き方なんて、気にしなくても、しっかり工事さえしていればよいのだ」「まわりくどい余計なことを言わず、要件のみを伝えたほうが仕事もスムーズだ」などと勘違いしやすいものですが、日本には古来より「親しき仲にも礼儀あり」という「考え方」があるように、ビジネス社会でも「相手への配慮の心」や「こちらの謙虚で礼儀正しい姿勢」を示すことを大切にしていますので、少しずつでも丁寧なメールを作成できるように努力をしていきましょう。

③社員から代表へ

まず、私が多くの工事店経営を見てきたなかで、組織ができない原因の大きなものの1つが、ここであげている「会話」であると認識しています。
ただし、私は確実に認識をしていても、工事店社長自身は「そんなことはない、うちの会社が発展しないのはほかに原因があるはずだ」などと、理解してくれないことの1つでもあります。

こちらで挙げているNG例のようなやりとりを重ねていくうちに、お互いにイライラ感情が高まってきます。そして、お互いにエスカレートしていき、最後は感情的な

①外部業者様への連絡など

1.OK例

メール件名：〇〇現場お見積りの件

〇〇建設
　〇〇〇様

いつもご贔屓くださりありがとうございます。
先般、ご依頼いただきました〇〇の件ですが、
準備が整いましたので、一度、ご説明に
お伺いさせていただこうと思っております。

つきましては、ご都合のよろしい日時を
２～３お教えいただけませんでしょうか。

なお、場所は現場でも、御社でも構いませんので
ご指示いただけましたらと思います。

よろしく御願い申し上げます。

〇〇工事店
〇〇（あなたの名前）〇

- -

〇〇工事店株式会社　〇〇（職階or部門）　青木太郎
　〒123-4567 埼玉県〇〇市〇〇町1-2-3
　http://www.xxxx..co.jp ／ xxxx@xxxx.co.jp

- -

※フッタ署名はあくまで基本型であり、応用して違う形にしていただいても可能です。

2.NG例

（件名なし）

（宛名なし、感謝の言葉なし）

〇〇現場の件ですが、
準備ができましたので持っていきたいんですが、
いつがいいですか？

（自分の名前やフッタなし）

②社員へ

1.OK例

件名：資料確認の依頼

◯◯さん
日々の現場、お疲れ様です。

提出していただきたい資料があります。

◯◯さんのデスクに置いておきますので、
帰社後、確認していただき、不明点があれば
私にお尋ねください。

日々の現場で忙しいところ恐縮ですが、
3/1（月）までにお戻しください。

では、よろしくお願いいたします。

- - - - - - - - - - - - - - - - - - - -
職長　青木　太郎
携帯電話　090-xxxx-xxxx
- - - - - - - - - - - - - - - - - - - -

2.NG例

（件名なし）

（相手の名前）、おつかれ！　◯◯の件、確認しておいてくれ。頼むぞ。

※あたかも、プライベートで友達に送るメールのようなフォーマットは原則、仕事上では使わないように心がけていきましょう。

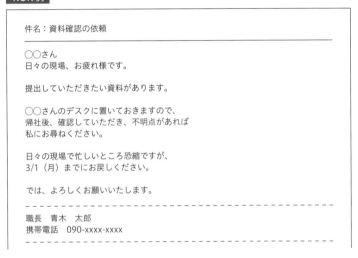

③社員から代表へ

1.OK 例

件名:施工会議日程変更のお願い

安倍 代表 様

お疲れ様です。工事部の青木です。

○月○日（水）13時に予定していた施工会議の日程ですが、
できれば○日（水）から××日（金）に変更を
お願いできないでしょうか。
時間は13時からで変更ありません。

もし、ご都合が悪いようでしたら、
別の日時をご指定いただければと思います。

ご無理を言いますが、
お取り計らいの件、よろしくお願いいたします。

- -

職長　青木　太郎
携帯電話　090-xxxx-xxxx

- -

2.NG 例

（件名なし）

社長、すいません。施工会議ですが、現場が進まないので、別の日にしてもらえませんか？

（署名なし）

口論になったりしています。

「うちの社員はすぐ辞める」「なかなかいい職人が来ない」などと悩み、組織づくりのために難しいマネジメントの本を読んだり、セミナーに参加するよりも、もう一度言いますが、自分の会話は相手に対して、気遣いの言葉はあるか、敬意はこもっているか、不快にさせていないかなど、心がけていきたいものですね。

（騙されたと思ってでもよいので、一度、実践をしてみてください。徹底的に継続していくことで、必ず組織ができていきます）

■参考になるＷＥＢサイト「ビジネスメールの書き方」
http://email.chottu.net/
現在では、インターネットで「ビジネスメール　書き方」などと調べてみるといろいろな雛形文章が出てきますので、そちらを参考にしながら、少しずつ練習をしていきましょう。

その２　段取り能力

工事店の仕事は「段取り」で成り立っているといっても過言ではないので、「段取り能力」もとても大事な実務能力です。

これは「現場の仕事技術」とは違う能力であり、別途に習得していかなければいけない能力でもあります。ところが、「段取り能力」は天性のもので、学習や訓練で身につくとも思っていない方も多いのが現実でもあります。

そのようなことからも、小さな工事店では、段取りの悪い人に対しては「その人の性格」のせいにされてしまっていることが多く、「あいつはどんくさい」「あいつは仕事ができない」「とろい」などと一蹴されてしまっているというケースも多々あります。

仕事のストレスの多くが「段取り」によって発生しているのですが、それについてどのように解決をしていったらよいのかがわからない……。まさにそのような状況にあるのが小さな工事店の現状であると思います。

そこで、ここでは「段取り能力」をどのように高めていけばよいのかを学んでいきましょう。

工事店経営を成功させる4つの「段取り」

以下の4つの「段取り能力」を鍛えていくことで会社は発展していきます。それぞ

図：工程管理表

着工 平成　年　月　日
完成 平成　年　月　日

担当

	月																												
	日																												
	曜日																												
工事種別		AM	PM	AM	PM	AM	PM	AM	PM	AM	PM	AM	PM	AM	PM	AM	PM	AM	PM	AM	PM	AM	PM	AM	PM	AM	PM	AM	PM
	計画																												
	実績																												
	計画																												
	実績																												
	計画																												
	実績																												
	計画																												
	実績																												
	計画																												
	実績																												
	計画																												
	実績																												
	計画																												
	実績																												
	計画																												
	実績																												
	計画																												
	実績																												
	計画																												
	実績																												
	計画																												
	実績																												
	計画																												
	実績																												
備考																													

れ順番に見ていきましょう。

①現場ごとの段取り

1つ目には、「現場ごとの段取り」があります。当然ですが、これは誰でも気がつきやすいものです。

現場ごとの段取り能力を会社として鍛えていくためには、「現場管理シート」と「工程管理表」の作成をすることを心がけていきます。

社長だけが行わず、少しずつ部下にも任せていき、会社の職人なら誰もが現場の段取りができるような状態にしていくことを目標に頑張っていきましょう。

> ◎現場ごとの段取り能力を高めるためには?
> 「現場管理シート」と「工程管理表」を現場親方も管理できるように実践していく!

②1日の仕事の段取り

２つ目には、「１日の仕事の段取り」があります。これは気づいていても、共有していないシチュエーションも多々見受けられました。

つまり、親方は１日の段取りを考えているけど、子方と共有をしていないことや、親方・子方は共有していても、職長や社長は共有されていない……という状況です。

ａ．１日の仕事の段取りは必ず上司に報告すること

報告例）
「本日の私の作業は、午前中は■■■現場の○○○、午後からは同じく■■■現場の△△△となります。■■■現場の工事完了予定は◎月◎日ですので、計画より半日早めに進められています。本日もよろしくお願いいたします」

など、です。

ｂ．上司は部下の仕事の管理をするのも仕事

報告を受けた上司は部下の仕事の管理をするのも仕事であると認識をすることです。部下も管理されているという認識から仕事の精度も高まっていきます。

c．帰社後の報告

終業時にも本日の作業内容と進捗状況を必ず報告します。

◎1日の段取り能力を高めるためには？
朝の報告、終業時に本日の業務報告を記載し、上司に提出する！

③1カ月の現場の段取り

3つ目は、1カ月の完工予定に基づく「段取り」＝「月次工程管理」です。

こちらは、ほとんど社長が行っており、部下に任せられない状況にある工事店が多く見受けられました。

なぜなら、「月次工程管理」は、複数の現場の段取りを同時進行しながら、次の現

図：本日の業務報告

業務日報

日　付	2018年1月1日

所属		氏　名	

1. 本日の業務概要

2. 本日の業務内容

時　間	業　　　務	情報連携担当
9:00〜10:00	○○○○○	○○部 山田
〜		
〜		
〜		
〜		
〜		
〜		
〜		

3. 課題・反省点・やるべきことなど

4. 明日の作業予定

5. コメント

場の予定も立てなければならないため、段取りの内容が複雑だからです。

その上、次の現場を誰に任せるかを考えなければならないため、マネジメント的な能力が必要であることや、1カ月間の仕事の中では、予期していない事態「イレギュラー」が定期的に起きるため、その都度、段取りを考え直さなければならないという事態にもなるからです。

よく起きるイレギュラー要因とは、おおよそ以下のとおりです。

a. 天気 ▼晴れを想定していたのに予期せぬ雨が続いた
b. 建材が届かない ▼朝届くはずの建材がお昼過ぎても届かず段取りが遅れた
c. 当初想定していなかった追加工事の発生 ▼喜ばしいことであるが、工事の段取りを変更せざるを得ない
d. 協力業者の段取りミスのしわ寄せ ▼あてにしていたのに、業者が現場に来なかった
e. 感情的な社員からの反発 ▼指示を聞かない社員
f. 疲れによるストレスから段取りのミスや遅れ ▼社員の寝坊・遅刻

このようなイレギュラー要因が多々起きる中で、お施主様や元請様と約束した納期までに工事を終わらせなければならないのが小さな工事店の社長です。

その上、肉体的にも疲れが溜まってくると、段取りを考える余裕がなくなり、ただ、目先の仕事だけをこなしてしまうことにもなりかねません。

とくに、上記の中でのdやe、fに関しては、防ごうと思えば防げるイレギュラーでもあるため、工事店の社長は大変ストレスが溜まります。

なぜなら、d、e、fの理由で、お施主様や元請様にお叱りを受け、その上、粗利も少なくなるのです。

さらにひどくなると、社長はお給料が取れなくなり、借入をするようになって生活費を家庭に持って帰ることもままならなくなると奥様との仲も悪くなり、夫婦喧嘩が絶えなくなります。最悪のケースでは離婚に至ってしまったことも多々ありました。

そのため、工事店社長は社員に対しても感情的に爆発しやすくもなりますし、夜になれば飲みに行きたくなることもあるでしょう。

つまり、私が見てきた工事店社長の大きなボトルネックの1つが、この「月次工程管理」であり、誰にも聞いてもらえない工事店経営の「悩み」がこの「月次工程管理」なのです。

仕事が取れない悩みであれば、最悪の場合、社員を減らして自分1人になってでも、コツコツとよい仕事をすれば、大きな赤字を作らず、生活をしていくことはできます。

ところが、人数が増えてきたときにぶつかる「月次工程管理」は、うまくできないと社長は非常に大きなストレスを抱え、時には赤字になり、家庭内不和になったりすることもあり、人生を大きく左右してしまうのです。

では、どうしたら、そのような状況から脱して、「月次工程管理」を成功させることができるようになるでしょうか？

月次工程管理を成功させる5つの秘訣

1. 段取りの前倒しを常に図る
2. ①と②を実行し、社員全員が「段取り能力」を身につけられるように努力する
3. 管理者は誰かを決める

4．毎朝の確認と終業前の確認の実施
5．週1度の全体工程管理会議の実施

つまり、月次工程管理を成功させるためには、イレギュラー要因に対する対処がポイントであり、それを補うためにも右記5つがポイントになるのです。

また、口幅ったく恐縮ではありますが、右記に加えて、さらに精神論的なことを2点申し上げます。

1．柔軟な思考を意識する

得てして現場あがりの社長さんは完璧主義であることが多いものです。そこで、段取りが完璧にいかなければ精神的にストレスを抱えてしまうということも多いようです。ところが、そもそも100％「段取り」どおりに毎日を送れるという会社は1社もありませんので、当初立てた段取りがなんらかのイレギュラーによって、うまくいかないことが起きたとしても、柔軟に対処をして目標を達成していくということを考えていきたいものです。そのためにも、余裕をつくる意味でも「段取りの前倒し」を日々、意識していきたいですね。

2．代償の法則

また、「段取り能力」を高めるということは、ノウハウではありません。ましてや「向き・不向き」でもありません。

あくまでも努力によって個人が培う能力ですので、社員1人ひとりに日々コツコツと努力をしてもらい、会社として「段取り能力」を培っていくことを心がけてください。

「段取り能力」を高めることで、工事店経営は成功へとぐっと近づいていきますが、そのためには、努力という代償を払わないと身につかないことを意識してください。

④会社経営における1カ月の段取り

4つ目が、「会社経営における1カ月の段取り」＝「経営管理」です。

小さな工事店では社長が管理者であり、「経営管理」はすべて社長の仕事になります。

ところが、「経営管理」をしなければいけないという視点が完全に抜けているため、

図：月次工程管理表

年　月　日から
年　月　日
担当

工事現場名	月																															
	日	1	2	3	4	5	6	7	8	9	10	11	12	13	14	15	16	17	18	19	20	21	22	23	24	25	26	27	28	29	30	31
	曜日																															
	計画																															
	実績																															
	計画																															
	実績																															
	計画																															
	実績																															
	計画																															
	実績																															
	計画																															
	実績																															
	計画																															
	実績																															
	計画																															
	実績																															
	計画																															
	実績																															
	計画																															
	実績																															
	計画																															
	実績																															
	計画																															
	実績																															
	計画																															
	実績																															
備考																																

社長自身は日々、仕事に追われているという状況に陥ってしまっているのです。

では、「会社経営における1カ月の段取り」＝「経営管理」とはどのようなものでしょうか？

小さな工事店において、社長の頭の中にある概念は以下のとおりです。

a. 受注売上計画
営業計画の立案と実行

b. 完工売上計画
完工売上計画の立案と実行

c. 月末処理
完成工事の売上計上（原価管理シート作成、請求書の発行、届いた請求書の処理）

d. 会計業務
入金確認
支払計画（業者への支払、社員給与の計算〜支払）
財務管理（資金繰り計画など）

会計資料の作成

e. 総務業務

人事業務（人材の採用・教育・評価など）

労務業務（賃金や労働条件の管理など）

f. 研究開発

新商品の開発、既存商品の改善など

「へ〜！」と思われたかもしれませんが、じつは、これらのすべてを小さな工事店の社長は、頭の中で考えております。ところが、多くの工事店の社長は習ったこともないため、当然ながら言語化されていません。このようなことを行っていかなければいけないのだという認識もされていないため、社長はいつも焦りの気持ちでいっぱいなのです。

では、どうしたらよいのでしょうか。

1カ月30日・1年365日、ずっと現場のことだけで過ごしてしまい、空いた日に行おうと考えるのではなく、これらの「経営管理」を行っていく時間を強制的にカレンダーに入れていくのです。

たとえば、月末処理はどのようなことがあっても月末日に必ず行う、会計業務はどのようなことがあっても、毎月◯日に行う、などとです。

そして、受注売上計画、完工売上計画の立案などは、また別の日を設定してください。

まず、ひと月に1日からスタートです。それと同時に、本項目の4つの「段取り」の①〜③を社員の方々に実行してもらうように、育成するのです。


ここまで工事店のなかにある「段取り」を見ていただきました。段取りの本質とはいったい何だかおわかりいただけましたでしょうか?


じつは、段取りの本質とは「時間管理」です。限られた時間のなかで、いかに、ここで提示されている工事店経営に必要な「段取り」を実行していくか、なのです。「段取り」がよくなると利益が残ります。段取りが悪くなると、お金の出費が増えます。

そして、これらの「段取り」が社長の頭の中だけにあると、社長の頭脳の限界が会社の限界となってしまい、発展が止まることになるのです。すべては、ＯＪＴ（オン・ザ・ジョブ・トレーニング）と思って、まずトライしてみましょう。

◎ポイント
「段取り」も１つの立派な仕事と考えているか、いないか。仕事と捉えるからこそ、段取り能力は向上し、会社経営はぐっと成功へ近づいていく

その３　企画提案力

社長が身につけたい実務能力の３つ目は、「企画提案力」です。

たとえば、お施主様から「建て替える」という相談と「リフォームをする」というプランの相談があったとします。建て替えるにしても、さまざまな形に設計することができますし、リフォームをするとしても、さまざまな形に設計をすることができま

す。

また、元請様から「このようなケースの場合にはどのような工事ができるか？」と相談を受けることもしばしばありますよね。

このように私たちの仕事は、お客様からのご要望や予算に対してさまざまな工事方法を頭の中で描き、ベストな工事方法をあれこれ考えて提案していることと思います。このような行為を、一般的には「企画提案」といい、この「企画提案力」も、工事の施工技術力とはまったく違う能力となります。

ところが、小さな工事店ではこの「企画提案力」を身につけることも明確に意識していません。「企画提案力」の習得においても、現場での経験を数多く積んだ人は結果的に「企画提案力」がすぐれていることもありますが、現場経験の少ない方は「企画提案力」も未熟であるという状況でもあると思います。私の元によく相談があるのは、次のようなことです。

・見積での決定率が下がってきている
・値切られることが多くなり単価が下がってきている

これらの問題に、多くの業者様はいかに営業力を高めようか？　とは考えるものの「いかに企画提案力を高めようか？」とはあまり考えていなかったりするのです。

当然、お客様は同じくらいの費用を支払うのであれば、よりよい工事を求めますよね。また、どの業者も同じような提案であれば、比較的安いところを選ぶのが筋であると思います。つまり、「企画提案力」がすぐれている会社ほど、もうかっているのが工事店なのです。しかし、「私はアイデアが乏しく企画にも自信がない……」という思いを持っている方もいらっしゃるかと思います。そこで、ここでは企画提案力が高まるための秘訣をお伝えいたしますね。

工事店の方に求められている「企画提案力」を掘り下げていくと、

a. ヒアリング力(営業力)
b. 建材に対する豊富な知識
c. 確かな施工技術
d. プレゼンテーション力(営業力)

という4つに絞られます。

要するに、これらの4つを磨いていくことで、企画提案力は高まっていき、売上も上がっていくことになります。それぞれを順番に説明していきましょう。

a. ヒアリング力

レストランでも、まずお客様のご要望を聞くのと同じように、自分が言いたいことを言う前に、お客様のご要望をしっかりと把握することから始めます。

ところが、工事店はレストランのようにいつもいつも決まったメニューばかり頼まれるわけではないため、お客様が言う「こうしてほしい」という表面的なご要望だけではなく、「なぜ、そうしたいのか?」という裏の欲求もしっかりと把握する力が求められます。

ヒアリング力とは、とても基本的なことかもしれませんが、職人さんによってはお客様の話を半分程度しか聞かずに早合点する人や、自分の言いたいことばかり喋る方もいますので、とくにお客様のご要望をしっかりと聞くことが大切です。

b. 建材に対する豊富な知識

コックさんであれば、いろいろな材料について知っていることは必要不可欠であると理解できるのと同じように、いろいろな提案をするためには、日々進化を遂げる建材についての知識は必要不可欠ですし、よく研究しているからこそ提案の幅も広がります。

そのためにも、建材に対する知識の継続的な習得はとても重要です。

c. 確かな施工技術

レストランであれば、美味しい料理ができるコックさんがいるお店が贔屓にされます。これは当然のことです。それと同じように、工事店では施工技術の高いお店が選ばれ続けます。

ところが、工事店の中には「若い時期には現場もこなす職人だったけど、だんだんと現場に携わらなくなり、育てた職人もみんな独立をしていき、いま、会社に残っているのは、60代の社長ただ1人」という状況も増えています。この状況ですと、いずれ仕事も途絶えていくことは誰が見ても明らかです。

工事店として長く経営を続けるためには、施工技術を自社に蓄積し続ける努力が必要です。だからこそ、よりよい工事の提案ができるものですし、長く繁栄します。

とくに、これから職人不足がさらに進むということは、確かな施工技術を自社で蓄えている会社が必ず選ばれ続けるはずです。これも誰が見てもわかるとおりです。

施工技術については、自社で「職人養成マニュアル」を作成したり、クレーム対処事例をデータ化して蓄積していく努力がとてもとても大事です。

d．プレゼンテーション力

自分の言いたいことをただ一方的に言うのではなく、相手の立場に立ち、相手のメリットをよく考えた話し方を心がけていくことが大切です。

プレゼンテーションの流れの基本形の1つをここに記載しておきましょう。

①前回ヒアリングをしたことを再確認する
　お客様のご要望や課題をすべて再確認する

←

②右記のお客様のご要望に対して応えている
内容を説明する
・このとき、複数のプランがある場合には、
　複数のプランについて順番に説明する
・また、仕上がりのイメージを提出して、
　自分が求めているものが得られるという
　ことをお客様に伝える

←

③御提案のプランによって、お客様が得られ

プレゼンテーションの流れ

前回のヒアリングした内容の再確認

↓

お客様の要望に応えている内容を説明する

↓

お客様のメリットを具体的にしたプランを伝える

↓

金額や保証等の提示

るメリットを具体的に伝える
　　　↓
④金額や保証等について提示する

あくまで基本形であるため、状況によって応用が可能ですが、おおよそこのような流れで行っていくのがベストです。

このように、

a.　ヒアリング力
b.　建材に対する豊富な知識
c.　確かな施工技術
d.　プレゼンテーション力

これらをそれぞれしっかりと意識し鍛えていくことで、4つが掛け算となり、必ず、あなたの会社は繁栄していきます。

工事店の経営戦略は『オーガニック・グロース戦略』

ここで述べた「基礎的な仕事能力」とは、現場での施工とは別に必要な工事店としての能力です。

この本を読んで「ああ〜。こういうことなら私はすでに知っている」とか、一度覚えて、「私はできるようになった」と考えるのではなく、会社全体で、毎年毎年、仕事能力を高めていくように努力していってください。

工事店経営における成長は、じつは「じわじわ」こそがポイントです。

一足飛びで過激な成長を目指そうとすれば、工事店は壊れてしまいやすいものです。なぜなら、繰り返しますが、工事店の最大の「資源」は「人＝技術者」です。技術者は一足飛びには育ちません。そのようなことからも、毎年毎年、あらゆる仕事能力を高め続ける努力を通して、着実な成長を志すことが、工事店が長く繁栄し続ける上でとても大切なことです。

工事店の経営戦略は『オーガニック・グロース戦略』、つまり会社が内部資源を活用して成長していける形をまずは目指しましょう。

工事店の
社長が
すべきこと

現場仕事以外も大切な仕事。
1つ1つ努力して
身につけていくことこそ
成功への唯一の道。

ルール 4

採用戦略

～いい人材の見つけ方～

「条件」ではなく「考え方」に
共感してくれる人材を採用する。

工事店の商品は「工事」そのもの。職人がいなければ不可能です。工事店の仕事をよくするのも悪くするのも職人次第、採用次第。楽ではありませんが、じっくり時間をかけて採用するべきです。

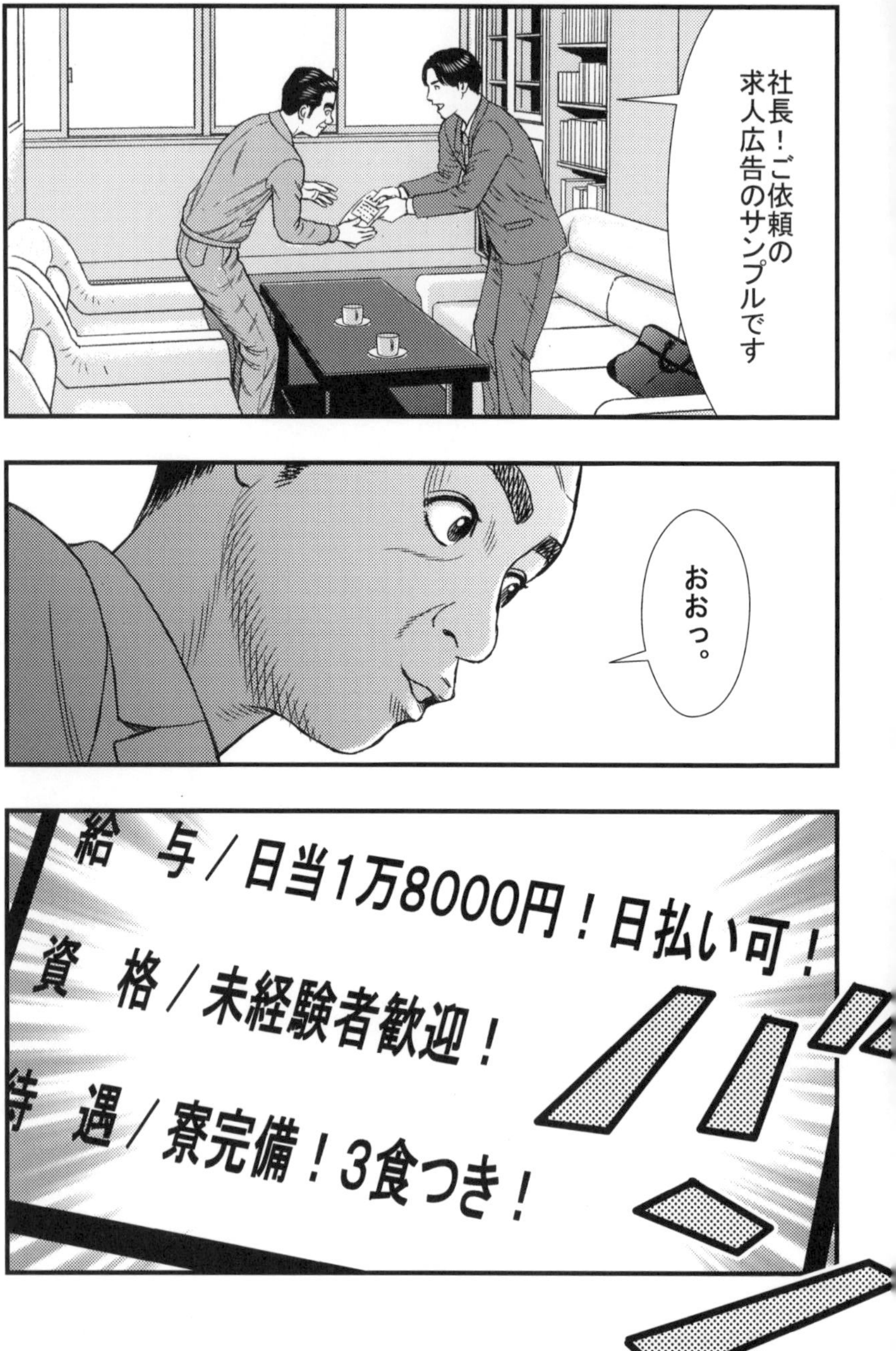
社長！ご依頼の求人広告のサンプルです
おおっ。
給　与／日当1万8000円！日払い可！
資　格／未経験者歓迎！
待　遇／寮完備！3食つき！

お知らせ

◎出版記念講演会

本書ご購入の方を「いちばんやさしい工事店経営の教科書 出版記念講演会」にご招待いたします（日程詳細は下記のお問い合わせフォームにてご確認ください）。有効期限を過ぎてのお申し込みは無効となりますので、下記のフォームからお早目にチケットのご請求をお願いします（有効期限→ 2018 年 7 月 30 日）。当日、本書またはこのチラシは、入場チケットとの引き換えの際に必要となりますので必ずご持参ください。

◎「工事店経営成功プロデュース」のご相談

本書ご購入の方に「工事店経営成功プロデュース」（1 時間の無料相談）を実施いたします。ご相談時に、本書またはこのチラシをご持参ください（先着 100 名様まで。お申し込みは下記のフォームまでお願いします）。

上記すべてのお問い合わせ

— 日本の工事店を強くする —

大黒天経営株式会社

フォーム　http://alljapan-no1.com/diamond

メルアド　info@alljapan-no1.com

これでバッチリですよ。
ちょっと良いように言ってる気はするけど・・・
とりあえず人を集めないとな！

採用
採用
採用
え、やめる？
おいおい、まだ3日も経ってねぇじゃねぇか。
いやぁ、日当2万のところを見つけちゃったんで……

あなたはいつまで、このような採用活動を続けるのですか？

PART 1 なぜ、採用にこだわるべきなのか？

工事店は「工事」を売っている

4つ目のルールは、「採用戦略」。人材を採用する際、これまでの章で触れてきたあなたの「正しい仕事観（＝理念）」「ビジョン」に共感してくれる人を採用しよう、ということです。

言い換えれば、あなたの「正しい仕事観（＝理念）」や「ビジョン」を理解し、そこに賛同してくれる人を見つけていくことが、成長する工事店の採用法則なのです。

「いやいや。それはわかっているけど、うちは毎日忙しいからさ。だから、とにかくいまは誰でもいいから、〝手〟が必要なんだよ……」

「いやいや。うちみたいな小さな会社では、そういういい人材は来ないんだよね～」

「いやいや。そもそも、建築屋にいい人材は来るわけないでしょ……」

という反対意見はあろうかと思います。

私は、じつは、何百回という反対意見を受け止めてきました。そして、頑張って説得をし、社長さんの「考え方」を理解してくれる人だけを採用しましょうと、促し続けて一緒に頑張ってきました。もちろん、最初からすべての方が「理念」「ビジョン」を理解してくれる人材を採用できるということはありません。

また、いくら「理念」「ビジョン」を理解してくれる人材を採用できる実力を得たとしても、毎回毎回、百発百中で採用できるということはありません。それこそ、イチローの打率以下（4割以下）でもよいほうです。

だからこそ、いつ採用できるかわからない、社長の「理念」「ビジョン」を理解してくれる人材を、いつでも採用できる心の準備をしておく必要があるのです。

なぜなのでしょうか？　またまた、繰り返し質問をしてみましょう。

「工事店が提供している『商品』とは、何だと思いますか？」

……花屋はお花、ラーメン屋ならラーメン。ということは工事店だから、工事？

そう、正解です。

では、工事とはどういう商品でしょうか？　それは、花やラーメンのような「モノ」

でしょうか？

ポイントはまさしく、ここにあります。

工事店の商品である工事は「人が行うこと」です。どんなに社長自身の技術が優れていても、どんなに質のよい建材、資材や機械を使っていても、そのまま「よい工事」としては成立しません。必ず、それを実現してくれるよい作り手、よい職人が必要になります。そして、会社の規模を成長させるには、よい職人を1人ずつ増やしていくこと以外、方法がないのです。

よい人材が集まる人材募集の仕方とは？

では、よい人材、よい職人とは、どういう人を指すのでしょうか。

腕が立つ職人、仕事が早い職人、すぐに入社してくれる職人……。

皆さんもこのような職人を採用して、いろいろなご苦労をされてきたのではないか、と思います。

よい人材とは、あなたにぴったり合っている人、あなたが大切にしている「理念」「ビジョン」に共感してくれる人です。

「日当○○○円！」「寮・食事付き！」「髪型自由」などといった条件を強調するのは、一般的には、それだけ採用を焦っている証拠でもありますが、工事店の世界ではあまりにも多くの会社がこのような切り口で求人広告を出しているため、これが当たり前と思い込んでしまっている風潮が根底にあります。

このような切り口の広告を出せば、どのような会社が求人をしても、集まってくるのは、お金などの条件に引かれてくる人ばかりです。そのような人はほかにもっとよい条件の会社が見つかれば、そちらに移ってしまう可能性が高い人たちです。

ここでもし、「一緒にふるさとを盛り上げる仲間を待っています」「地元にいつまでも残る誇り高い仕事をしよう！」「お客様の笑顔が好きな方、大歓迎！」など、社長さんの「理念」「ビジョン」から起こしたキャッチフレーズを並べ、それに共感する職人が入社してくれたら、どうでしょうか？

その上、入社後、彼らの達成感を満たすような現場仕事や、同じ考え方で意気投合する仲間に満ちあふれていて、仕事も安定的にあったら？　それだけで、転職する理由がなくなりますよね。つまり、工事店経営を「ビジネス」であると同時に、「仲間と一緒に理想を追いかけること」と考えてみてください。

日当をもらうための「労役」を行う人を募集するのではなく、一緒に夢を追いかけてくれる人を募集しようと考えてみてください。

また、社長の「理念」「ビジョン」とは、違う言葉で表現すると「仕事をしている社長そのもの」ともいえます。

つまり、社長であるあなたの「理念」「ビジョン」に共感してもらうということは、あなたに惚れてもらうということとも同じ意味なのです。あなたに惚れてくれる人は、当然、あなたにどこまでもついていきますし、一緒に理想を追いかける仲間にもなってくれるでしょう。

採用する人材は、そのような人を目標としてください。

社長の考え方に共感してくれる人のパワーはすごい

社長の「理念」「ビジョン」に共感してくれる人を採用するとなると、結局は社長の言いなりになる「イエスマン」ばかりが集まり、社長の独裁企業になるのではないかと思われるかもしれませんが、それは違います。

「共感」と「言いなり」には、大きな違いがあります。心から共感してくれる人は、いずれ社長が求めている以上のことまでやります。

もしかしたら、社長が直接するよりもいい仕事をするようにさえなってくれます。

一方、言いなりのイエスマンは、文字通り、言われたことだけしかやりません。指示されていないことをしようなどと思いませんし、決して先回りなどもしません。

共感してくれている人は、会社の経営状態が悪くなっても、社長と一緒になって何とか立て直そうと努力します。

お金や条件でついて来た人は、会社の経営状態が悪くなってお金や条件が悪くなると、当然のごとく去っていきます。

いつから共感型採用を始めればよいの？

では、社長の考え方に共感してくれる人の採用は、会社がどのような規模になったときから始めればよいのでしょうか？

それは、１人目の社員を採用するときから行ってください。すでに社員がいる場合は、次に採用する人から行ってください。

ところが、社長は往々にして、

「いまは忙しくて猫の手も借りたいほどだ。だから、いまではなく次のタイミングから、うちの考え方に合った人を採用しよう」などと考えがちであります。

じつは、そのように考えていても「次のタイミング」は、いつまでたっても永遠に訪れません。

だから、社長が「いまから社長の考え方に共感してくれる方だけの会社をつくる」と決意し、実行することが何より大切なのです。

PART ② 自社に合う人材を見つける方法「人間マッチング型採用法」

素直な人を採用すること

どうすれば心からあなたに共感してくれる人を採用できるのでしょうか。

結論から申し上げますと、おおよそ８人以下の工事店の場合には、いくら求人広告を出しても、１００％社長の考え方に共感してくれる人を採用するということはかなり難しい確率になるということはあらかじめご理解ください。

なぜなら、会社の小さなうちは、どのような社長さんであっても、たいていの場合、言うこと・やること・考え方などのすべてを疑われていることが多いので、「共感してもらう」ということとは正反対になることがほとんどだからです。

年上でも、年下でも、同じ年齢あたりの人でも、どのような人を採用しても、ほぼすべての人に疑われるという状況が続きます。

とくに、経験者を採用する限り、最初の面接と入社直後あたりは感じがよいものの、次第に言うことを素直に聞いてくれなくなり、その後、何年かすると退社するという状態が繰り返し続きます。

社長になる人の多くは仕事においても優秀であり、自分が会社勤めをしているときには、仲間などにも信頼されていたのに、いざ、独立して自分の会社を経営するとなると、入社するほぼすべての人が自分を疑ってくるため、自信を失うこともあります。

ところが、そのような中で、ごく稀に自分の「考え方」に共感してくれる人が現れて、残ってくれるということがあります。その確率としては10人中1人以下、場合によっては30人中1人以下といっても言い過ぎではありません。

そのようにしながら採用を繰り返していくことになるので、経営者は100%自分の考え方に共感してくれるという人を採用したいと願っているのですが、なかなかそれを実現することは難しいという状況がしばらく続くことでしょう。

逆に、そのような状況ですから、初対面から、ものすごく信頼を表現してくる人などが来ると、「いままでの努力がようやく報われたかも!?」などと思って採用をしたりするのですが、騙されてお金を持ち逃げされたりすることはよくある出来事です。

そこで創業初期から実践できる採用方法は、素直な人を採用することです。仕事ができる、できないなどは100％度外視してください。

最初のうちは、この人が素直な人なのか、そうでないのかもなかなか見抜けないものですが、何度も採用活動をしているあいだに、だんだんと見抜けるようになってきます。

では、素直な人とはどのような人でしょうか？　じつは、その方が社長と共感できる方に近い方です。なぜでしょうか？

人間はこのように見ます。

・人間は、誰でも素直な側面を持っているもの
・しかし、自分と考え方が違う人の言うことは聞かないもの

こう言われると、あなたにも心当たりがあるのではないでしょうか？

たとえば、「この人の考えは受け入れられないな」「こういう人とは私は気が合わないな」という人の意見などについては、受け入れなかったり、反発していた、その反

面、「この人は私と気が合う」「私もこの人の考え方には共感できる」という人に対しては、相手に対して、できる限り同意して「いい人を演じる」お付き合いをしたというような経験がおありではありませんか？　じつは、このようなことは誰でも無意識で行っていることです。

つまり、創業当初から誰でも実践できる採用方法は、「自分の考え方に共感してくれますか？」と直接聞くよりも、面接の会話のなかで、素直な人かどうかを感じることとなります。では、次には面接で具体的にどのようなことを聞いていけばよいのかを学んでいきましょう。

面接ではまず何を聞けばよいのか？

どんなに考え方を広告で説明しても、仕事ほしさに面接を受けに来る人は出てきます。面接では、そうした人を見極めることが重要です。

Q1．ウチを選んだ動機は何？

そこでまずこの質問をしてください。

「あなたは、どうしてウチの会社に来ようと思ったのですか？　動機は何ですか？」

次のような答えがかえってきたら、黄色信号です。

「いまの会社より、この会社のほうが日当がいいので……」

「寮があるところを探していたんで……」

もし、

「家から近かったからです」のような答えがかえってきた場合は、次のように聞いてみてください。

「では、もし、もっと近くで募集していたとしたら、どうしていましたか？」

その後に、本当の気持ちを話してくれるはずです。

ただし、工事店は地元の職人さんたちが働く事業ですので、もし不採用という判断になっても、その場ですぐに返答はせず、相手の気分を害さないような対応を心がけましょう。横のつながりがあるため、職人たちの世界で悪い評判が立ってしまうと、職人を募集しても応募が来なくなる場合があるからです。

また、私の会社にも、最初はお金目的で仕事したいと言って来た人が、数年後、もう一度、働かせてもらいたい、と懇願してきたケースもあります。

このように、人間は人生を生きている間に何かのタイミングによって「考え方」を変えることが時々あります。そのようなこともあるため、いまは「採用しない」と決断をしても、無下にはせず、丁重にお断りするように心がけてください。

Q2. 得意なことと苦手なことは何？

次に、この質問をしてください。

「あなたの得意なことと、苦手なことを教えてくれませんか？」

ここでは、就職希望者に何を話してもらっても基本的にはかまいません。あなたは、就職希望者が素直に話してくれているかどうかという観点で話を聞いてあげてください。

その後、得意なことについてさらに、いろいろな話を聞いてみてください。

「ありがとうございます。あなたの得意なことは◯◯◯なんですね。それについて、もっと詳しく教えてもらえませんか？」

このように質問をして、仕事の話を詳しく話してくれる人はいい仕事をする確率が高い人です。なぜなら、仕事に深く取り組んでいる人ほど、仕事をよく観察していて、いろいろな側面を見ているからです。

見極め方は、話を聞いているあなたが面白いと感じるかどうか、です。物事に深く取り組んでいる方はその物事に対していろいろなことを考えているため、話してくれる内容が「面白い」と感じるはずです。そのような方は仕事でも活躍してくれる方と思います。

一方で、「いや、別に……」「とくにこれといってないっすけど……」など、ノッペリとした感じの場合には、あまりその物事に打ち込んできていない、といえるかもしれません。

また、苦手なことに対しては、こう聞いてみてください。

「△△が苦手とおっしゃっていただきましたが、その苦手なことについては、今後、自分ではどのようにしていこうと考えているのですか？」

この質問に対して、その人は素直な姿勢で自分に向かい合っているかどうかを見てください。素直な姿勢で自分の苦手分野とも向かい合っている方は、仕事においても伸びていく可能性が高い方だと思います。

なぜなら、仕事とは、取り組めば取り組むほど、いろいろな難しいことが次から次へと出てくるものだからです。そのような難しい部分に対しても、できるようになろう、という意思のある方は、自分の苦手な部分に関しても、素直な姿勢で向かい合っていることでしょう。

また、どちらかというと避けているような方、見ないふりをしているような方に対しては、

「でも、あなたなら、それは、できるようになるかもしれませんね！」などと励ましてあげましょう。面接で励ましてくれるとなると相手の方も嬉しくなりますよね。

その上、ほめてあげましょう。ほめ方は以下の2通りがあるかと思います。

◎苦手な部分を抱えながらも頑張っている方をほめる

「そのような苦手な部分を抱えながらも、あなたはよく頑張っていますね」など。

◎正反対からほめる

「ひょっとしたら、それは苦手なのではなく、あなたの得意分野を輝かせる『個性』

かもしれませんね！」など。

ではなぜ、ほめるのでしょうか？

会社の規模が小さいうちはいい人など来にくいと、前にも言いました。そこで、面接時にほめてあげたり、理解を示してあげたりすることで、少しでもあなたの考え方に共感してくれる人を増やす努力をするのです。

会社の小さなうちは、裁判官のように「ジャッジメント」（判断する、裁く）をするだけではいけません。

◎この質問での見極めポイントは？
・得意なことを話してもらい、仕事能力を見極める（人によって「できます」のレベルは違うため）
・苦手なことをほめて、あなたは相手の方のよき理解者となる
・これらの質問から相手の素直さを感じる

Q3. 嬉しかったことと、辛かったことを教えて？

さらに次には、この質問をします。

「あなたの人生でいちばん嬉しかったことと、辛かったことを教えてくれませんか？」

この質問をすることで、就職者の本音を聞き出します。心を開いている場合、たいていは両親や家族のことを話してくれます。それをきっかけに、家族の話を聞き出します。なぜなら、家族での人間関係はその人の人生の縮図です。

たとえば、お父さんのいない家庭で育った子は、社会に出てから男性（上司）との関係においてトラブルを起こす場合があります。それは目上の男性と一緒に何かに取り組むということに慣れていないためです。また、お母さんに愛された記憶が薄い子は、自尊心が薄く、困難に対してくじけやすい場合があります。

両親が揃っていなかった家庭で育った子は、往々にして自己主張が強かったり、相手に対する要求や期待が強いことがあります。そして、その姿勢を自分では「当たり前」と思っていることも少なくありません。採用にいたった場合には、入社後、そのような点においても指導をしていかないといけません。

このように、工事店には何らかの課題を持った子が来ることも少なくないのですが、そのような子を受け入れるという意味でも、これらのことは入社前に聞いておいたほうがよい点です。

◎この質問での見極めポイントは？
・家族はその人の人間関係の縮図と見る（会社でも同じと見る）

Q4．あなたの愛する人のことを教えてくれませんか？

そして、次にはこの質問をしてください。

「あなたの愛する人のことを教えてくれませんか？」

この質問でわかることは、その人の人間関係です。愛する人のことを言えないという人は、そもそも素直な心を失っているのかもしれません。この質問に対しては、赤面して表現してくれるくらいでちょうどよいです。

そして、あまりにも身の回りの人の悪口ばかり出てくるというような人の場合、多少、改善を促してあげる必要があると思います。

ここで奥様の悪口などを言うような「夫婦仲が悪い」場合は、家庭でのトラブルも多くなり、仕事上でもうまくいかないケースが多いものです。

昔の話ですが、松下電器でも取扱代理店を選ぶ際に、松下幸之助様は夫婦仲がよいほうを選んだという話が有名です。結局、仕事（経営）ではいろいろ苦労が多いものですが、夫婦仲がよい家族のほうが、どのような困難があっても一緒に困難を乗り越えていくため、代理店経営も成功させていたということからです。

また、弊社の初代社長が話していたことの中に、「若い衆を採用するなら彼女のいる人間を選べ」という指針がありました。「彼女がいる子は人間的にも魅力があるし、自信を持っている」という論理からです。

たしかに、いつも彼女がいない子の場合には、どうしても一人仕事になることが多く、部下育成などもあまり得意ではないという傾向があるようです。

◎この質問で見るべきポイントは？
・夫婦仲がよい人を選ぶ
・もしくは、彼女がいる人を選ぶ

・その人が仕事の困難に対してどのような姿勢をとりやすいのかを観る

Q5. あなたにとって仕事とは？

そして、次はこの質問をしてください。

「あなたにとって仕事とはどのようなものですか？」

この質問をすることで、わかることは勤労意欲です。以下のとおりはっきり話してくれるかどうかはわかりませんが、面接時の話を聞いて、以下のどの項目に当てはまる考え方を持っているのかを分析してみましょう。1から5になるにつれて勤労意欲は高くなります。

1. 何で仕事なんてしないといけないんですかね（牢獄意識）
2. 仕事は、家族の生活を守るためにするものです（義務意識）
3. 仕事とは、ほしいものを得るためにするものです（自我欲求意識）
4. 仕事とは、成長のためにするものです（自己成長意識）
5. 仕事とは使命です（使命感）

また、これらの「勤労意欲」についても、両親の影響を大きく受けている点であり、よほどのことがない限り、両親の考えと大きく差があるということはありません。

1～3の方は、労働条件などをとても気にする傾向が強いものです。

しかし、工事店の場合には4や5という考え方を持って入社してくる人は少ないと思いますが、4や5の方が入社してきてくれるような会社づくりを、いまのうちから心がけておきましょう。当然ですが、4や5と考える人が大勢集まったほうがいい会社になっていきます。では、どのように集めればよいのでしょうか？

それは、逆手に考えればわかります。

成長したいと願っている方は、どのような会社に入社したいでしょうか？　自分を成長させてくれる会社であると同時に、成長している会社、すなわち、社長自身が常に成長している会社です。

使命感を持った方は、どのような会社に入社したいでしょうか？　使命感を持った会社、すなわち、社長自身が使命感を持っている会社です。

プロを目指したい方はどのような会社に入社したいでしょうか？　社長自身がプロ

意識を持ち、仕事に誇りを持っている会社です。

つまり、社長さん自身が「このような人物がほしい」ということをまず明確に決めて、その人物から求められる自分になることで、求める人物が得られるという原理になります。

なぜ、これらの5つの質問を聞くかというと、入社してからではなかなか聞く機会がないからです。そして、この5つの質問を聞くことを通して、入社してくる人を選定できますし、また、同時に社長に信頼を寄せてもらえるようにも促す行為になります。なぜなら、人間は自分のことを理解してくれる人を好きになるという法則があるからです。

小さな工事店でいきなり、見ず知らずの社長の「考え方」に共感した人を選ぶといっても、無理があります。ところが、このようなプロセスを実施していくことで、社長さんの「考え方」に共感してくれやすくなります。

図：職人採用面接5つの質問シート

**Q1.あなたは、どうしてウチの会社に来ようと思ったのですか？
動機は何ですか？**

◎この質問での見極めポイントは？
- 条件（給料、立地条件）を言う人の場合には退職の可能性も早い？
- ストレートに「社長の考え方や姿勢に共感し、ぜひ社長の元で働かせていただきたいと思いました」は◎

Q2.あなたの得意なことと苦手なことを教えてくれませんか？

◎この質問での見極めポイントは？
- 得意なことを話してもらい、仕事能力を見極める（人によって「できます」のレベルは違うから）
- 苦手なことをほめてあげて、あなたは相手の方のよき理解者となること
- 回答から相手の素直さを感じ取ること

Q3.あなたの人生でいちばん嬉しかったことと、辛かったことを教えてくれませんか？

◎この質問での見極めポイントは？
たいてい家族との話をされることが多い。家族はその人の人間関係の縮図と見る（会社でも同じと見る）

Q4.あなたの愛する人のことを教えてくれませんか？

◎この質問での見極めポイントは？
- 夫婦仲がよい人を選ぶ
- もしくは、彼女がいる人を選ぶ

Q5.あなたにとって仕事とはどのようなものですか？

1.何で仕事なんてしないといけないんですかね～
（できればしたくない……牢獄意識）
2.仕事は、家族の生活を守るためにするものです（義務意識）
3.仕事とは、ほしいものを得るためにするものです（自我欲求意識）
4.仕事とは、成長のためにするものです（自己成長意識）
5.仕事とは使命です（使命感）

これらの質問をしていろいろな話を聞き出した後に、あなたの会社のことを説明しましょう。

PART ③

面接でいろいろな話を聞かなければいけない理由

実際、いままで面接では、過去の職歴についての質問や、「やる気がありますか？」という程度の質問しかしていなかったという方のほうが多いものです。

しかし、工事店は人が命です。だから、人材をよく見極めて採用をしていくということは絶対必須条件なのです。

でも、「この本に書いてある採用面接の内容は一般的な採用会社が話す内容と違うじゃないか……」とお感じの方もいるかもしれません。

そこで、あなたがいまよりもっと採用が上手になるお話を2点だけしますね。

①感動するほどいい人材の話！

私はいろいろな会社を見てきて、小さな会社の中にいるとてもいい人材をよく見てきました。それは、社長の奥様でした。

社長を愛している奥様は、本当にご立派です。職人が辞めてしまったときには社長と共に現場に入ってくれることもあります。「この仕事はやったことがない……」などと言うことはありません。私は社長と一緒に現場に入って作業を行ってくれた奥様を数多く知っています。

また、職人はいるけど職長はいない、社長の手が現場管理に回らない、というときには職長になって現場の確認をしてくれた奥様も何人も知っています。

そして、やったことがない経理作業でも頑張ってやってくれる奥様も大勢います。経理作業は社長もやったことがありませんが、奥様だってやったことがありません。それなのに、最初から責任を持ってやってくれます。

その上、家に帰れば食事をつくり、掃除洗濯も行います。その上、社長のわがままも聞いてくれます。

そのような奥様は、日本全国、みな共通して同じように仕事をしてくれるのです。もちろん奥様同士に横のつながりなどは一切ありませんし、「工事店の奥様の仕事」というようなマニュアルがあるから行っているということなどではありません。

しかし、どこの地域の奥様でも同じように仕事をしてくれるのです。その奥様の過去の職歴はマチマチです。必ずしも一般企業でのお勤め経験があるということではありません。

ではなぜ、奥様はこのような働きをしてくれるのでしょうか？　奥様は社長を愛し、社長の「考え方」を理解し、社長についていこう（社長の提示するビジョンに沿って生きていこう）と、心の底から決めているからではありませんか？

また、反対に奥様の心の中に「愛」がなくなったときに、奥様は社長の考え方を理解しなくなり、社長についていかなくなった、ということも見てきました（涙）。

このようなことから私が見てきた中でいちばんいい人材のお手本のような方は、間違いなく社長のことを愛してくれている奥様です。ですから、工事店のすべての社長は、奥様に絶大なる感謝をしていただきたいものだと思います。

いま企業では、人材は「使い捨て」のような気風もなきにしもあらずですが、小さな工事店の場合、よい人材を採用し、長く雇用して技術を自社に蓄積し続けなければなりません。そのためにも「使い捨て」という考えではなく、人生を共に過ごしていくパートナーのような存在を採用することを心がけていきたいものです。

「奥様の仕事に感謝している方は、奥様と同じようによい人材を採用し、育成できています すよ」

最初のうちは、そのように私は指導をしています。

②転職は「人生の転機」

また、私たちにとっては、人手が足りなくなったときに行うのが求人採用ですが、転職者にとっては「人生の転機」であるはずです。

あなたも、これまでの人生で数々の転機があったと思います。

中学校に入学したとき
高校に入学したとき
はじめて就職したとき
結婚したとき
子どもが生まれてパパになったとき

家を建てたとき など。

このような「人生の転機」「節目」には、喜びが生まれますよね。その喜びとは、ほとんどが、「新しい人との出会い」であり、そこから生まれる新しい自分に対する期待にも似た喜びではないでしょうか。

「いい会社から採用通知をもらったよ！」

それだけでも、奥様も安心し、家族は幸せに包まれます。

そのような「人生の転機」をまず、社長であるあなた自身が思い出してみてください。そして、あなたの「人生の転機」に現れたよき人を思い出してみてください。どのような感激と新しい気持ちがありましたか？

■あなたの転機とそこに現れたよき人。そしてあなたの感情をここに記載してみてください。

※主に、よい方面に変わった「人生の転機」を書いてみてください

※必ず誰にでも、人生の中で1つはあるはずです

・記入欄

あなた自身にも、このような数多くの「人生の転機」があり、よき人との出会いによって、人生が変わってきたのではないでしょうか。

この喜びをあなた自身がたしかに心でつかんでいるからこそ、「人生の転機に、よきご縁を与えたい」という気持ちになり、よい採用面接を行うことができるものです。

そして、採用面接とは「人生の転機」の瞬間だから、人生についていろいろと話をしてもらうのです。

だからこそ、「こいつは、本当に仕事ができるのかな……」などと考えるのではなく、「この人と一緒に人生を生きていけるかな」という観点で面接する。それが、私たちが提唱している「人間マッチング型採用」であり、社長の考え方に共感した人を採用する方法になります。

この採用方法を行っていくと、必ず、あなたは人生の運気は高まります。なぜなら、自分と心を合わせて生きていく人が1人、1人と増えていくことになるからです。

そして、売上が上がります。

「会社とは自分を押し殺さなければいけないところであり、その窮屈な世界で日中生きているから、仕事が終わったら夜の街に繰り出そう」などという考えが一切なくなり、逆に「仕事は夢を叶える場所であり、夢を叶える仲間がいる幸せな空間が私の会社」というようになって、会社もどんどん前向きになっていくからです。

「社長の考え方を理解してくれる人」だらけにする

立派な工事店に成長していく方法とは、社長が「自分の考え方に共感してくれる方以外は採用しないのだ」と、決意してから始まります。

「成功の1丁目1番地は、採用基準の明確化と厳格運用である」とも言われています。つまり、あなたが決めた採用基準に満たさない人を採用しないということをいっています。

ただし、意外と難しいものです。でも絶対にあきらめないでください。

最初の1人目はいちばん難しく、2人目、3人目になっていくにつれて、だんだんとコツをつかんでいけるようになっていきますから、あきらめずに頑張りましょう。

ただし、採用は何度行っても楽にはなりません。常に必死の思いで、自分と心を合わせて生きていく人を1人ひとり採用することです。そして、「社長の考え方を理解してくれる人」だらけになったら、必ず会社は発展します。なぜなら、社長の考え方を理解してついてきてくれる方は、先ほどの奥様のように働いてくれるからです。たとえ、現場仕事ができるようになっても「辞めてもっといいお給料のところで働こう！」などと考えるようなことはせず、社長と共に、会社の発展を考えてくれるようになるでしょう。

しかし、完璧に社長を信じてくれる人などはいないものだとも理解してください。子育てをしている方であればより理解しやすいものですが、自分の子どもでも親の言うことを100%は聞いてくれないものなのですから。

それよりも社長は、信じてついてきてくれる社員の人生に責任を感じて、健全経営を実現し続けることを誓い続けてください。

本章の内容をよく理解して、採用活動に臨むことで、よい人材を採用できる確率は必ず高まるでしょう。

工事店
社長が
すべきこと

条件だけではよい人材は集まらない。
時間をかけてもいいから
考えを共有できる人を採用することが
成長への扉を開くことになる。

ルール 5

教育戦略

～会社に人材を定着させる方法～

人は宝。宝は磨いて光るもの。
情熱を注げば注ぐほど、人は輝く。

社長にとって、若い社員は自分の子どもと同じようなもの。その人の人生に対する責任を負うだけの覚悟が必要です。人を育てるのは難しい。でも、それが社長の責任と醍醐味です。

求む経験者！
○○っす。
今までいろんな現場で
やってきました。

まあ生意気そうだけど
急ぎの仕事だから
こいつを採用するか・・・
おおっ、さすが
仕事が速いな。
おいてめぇ！
何チンタラ
やってんだ！
さっさと
終わらせろよ！

おいおい、
あいつはまだ
新入りだから
もう少し大目に
見てやって…
ふんっ!
何だよ、
アイツ。
たしかに仕事はできるけど
あんな態度の悪いヤツに
頼ってたんじゃあ……

あなたは、社員教育を人任せにしていませんか？

PART 1

よい人材を見つけたら、自分で育てる

育てる前に、育てる人を選んでいますか？

人を育てるということは、難しいことです。

正直、思うようにいかないこともたくさんあると思います。ましてや自分の子ではなく、他人の子を育てるのですから。それでも育てていかなければ会社は存続できません。

しかし、工事店社長は、ここで次のように考えてしまいがちです。

・自分は若いころ勉強してこなかったから、頭が悪いので社員を育てられない
・自分は若いころ勉強してこなかったから、頭が悪いので社員になめられる

だからこそ、努力家の社長さんであれば、社員を育てようと、いろいろな本を読んだり、いろいろなセミナーに参加したりして勉強しています。ところが、そのほとんどの方がうまくいかないのです。そこで、ここでは、いかに工事店で社員を教育するかという本質に基づいて学んでもらいます。

ルール4の採用戦略をよく学習し、実践できているという方なら、すでに80％以上がすんでいると思っていただいてもよいでしょう。

前章の「感動するほどいい人材（奥様）の話」でもおわかりのとおり、「考え方に共感してくれる人材」を採用していれば教育は楽ですし、仕事においても自発的に行ってくれるものですから、教育という必要性もかなり下がるものなのです。

そのようなことからも、まず、人を教育する前に入社させる人をきちんと選定することを大切にしてください。

逆に、「日当○○○○円！」とお金で釣って採用した社員を教育することは、誰が行っても困難であると理解してください。その上で、行っていくことを順番に伝えます。

①社長自身が仕事を愛していること

1つ目に小さな工事店では、まずは、社長自身が仕事大好き人間となることです。奥様も一緒に仕事を行っている（事務仕事などで手伝っている）場合には、奥様も仕事を大好き人間になっている状態が絶対条件です。社長や奥様が嫌々な姿勢、苦しそうな姿勢で仕事を行っている会社で、新人は育ちにくいからです。

と、いいますのは、工事店の社長さんの中には、

・オレは元々、好きでこの仕事を始めたわけではない……
・中学（高校）を出てから、たまたまやることがなくて先輩に誘われて始めたのがこの仕事だった……
・実家が工事店だったから、それ以外の選択肢がなかった……

などと仰っておられて、仕事を愛していないこともよくある話だからです。そのようなお店で、社員がすくすく育って、会社が発展するということは絶対にありません。

ですから、社員を育てるためには、まず社長自身が「仕事を愛すること」です。人間は、誰かが好きになって楽しそうに行っていることを一緒にやりたくなるものだからです。たとえば、プロ野球やプロサッカーにしてもそうでしょう。選手のみんなが嫌々やっている光景をいつも見せられていたら、あれほど多くの少年たちが野球やサッカーをやりたいとは思わないはずです。多くの選手たちが、そのスポーツを愛して熱中しているからこそ、それをやってみたくなるものなのです。

つまり、あなたが仕事を深く愛せば愛するほど、その姿勢が多くの人を惹き付ける力になります。あなたが仕事を深く愛せば愛するほど、あなたと共に同じ仕事をやりたいという人が集まってきて、あなたと同じようになりたいと思う人が増えてきます。

お客様も、そんなあなたに頼みたくなるでしょう（嫌々やっている人に仕事は絶対に頼みませんよね）。このようなことから、社員を教育するためには、社長自身が「仕事を愛していること」が第一の条件となります。

ところが、「オレは、なりたいと思ってこの仕事に就いたのではない……」と思っている方に対して、私はいつもこのような話をいたします。

◎職人の価値が高まる、一生で一度のチャンス到来！

なりたいと思って就いた仕事でなかったとしても、２０２０年以降の日本の工事店は最大の成功のチャンスが訪れます。なぜなら、いま、建築技術者が大幅に減少しており、かつ、なり手が少ないという時代といわれているからです。ということは、「職人の価値」が高くなるという時代に突入していくのですよね。

価値が高くなるということは、単純な話、収入が増える可能性があるでしょうし、大きく成功していく人物が出てくるかもしれません。そのような時代ですので、是非チャンスをつかんでほしいと思います。

あなたが仕事を愛していれば、多くの人が集まり、あなたは成功できるのですから！

このような話をすると大抵、多くの人がやる気を出してくれます。その結果、建築業界の健全発展を実現していくというのが私たちの使命でもあります。

②仕事人間となること

さらには、社長自身は仕事人間となり、仕事に精通していることです。やはり、プロはプロの元で育つのが原則だからです。

ところが、社員がなかなか定着しないと、社長は若い子たちの心をつかむために、飲み食いや夜の街に連れていき、お酒を飲んで一緒に遊ぶことが必要なのではないかと勘違いをしてしまったりすることもあります。

私が見てきている世界では、そのようなことを頻繁に行う会社より、クソ真面目に仕事に取り組んでいる会社のほうが格段に成功しているというのが現状です。

もっとも、私が直接指導をしている社長さんの会社の多くは、一般的な工事店よりも、接待交際費や福利厚生費が少なく、ほとんど遊びにお金を使っていません。

むしろ、職人さんの中では「社長、遊びもできないようじゃ、仕事も増えませんよ」などと、よくわからない論理を振りかざす人もいますが、そのような惑わしには一切心を動かさず、会社の小さなうちは一途に仕事人間になることで十分です。そして、むしろ夜遊びが嫌いで、仕事が好きという人たちばかりを集めていくことが大事です。

③社長自身が社員教育をする、と決意すること

また、新人への教育を社員任せにしてもいけません。社長の中には「自分は忙しい……」という言葉を自らの〝専売特許〟のような言い分として多用し、社員教育を怠っている方もいます。しかし、伸びていく会社では、例外なく社長自身が自分の限界まで自分の時間を使い直接指導しているものなのです。

「社長である私は仕事を受注してこなければいけないから、技術などを新人に教えている時間はない……」

「技術指導は職長に任せている」

などと思ってしまうことは小さな工事店においては大きな間違いであり、小さな工事店の場合は、まずはどんな仕事に対しても社長がしっかりと指導することです。

なぜ、それが必要なのかを申し上げます。

それは、社員が教える仕事とは具体的な仕事内容に留まりますが、社長が指導する仕事とは、仕事に対する考え方や、仕事を通して実現したいビジョン、人生観など、すべてが伝わるからです。そして社長の姿すべてを現場や事務所でそのまま社員が真

似するようになることが、小さな工事店の教育としてはベストだからです。

つまり、社長が社員に直接、仕事を教えるということは、ルール1、ルール2、ルール3のすべてを教えることにつながるからです。

逆に、社員が数名しかいない状況なのに、社長が椅子に座って、あれこれと口で指導をしていては、社長の考えや社長が行ってほしい仕事内容はまったく伝わりません。そればかりか「オレたちが現場をやっているから、オレたちのほうが仕事では上手いんだぞ」とか「何をえらそうに……」などと、心の中で思っているケースもよくあります。繰り返しますが、会社が小さな時期の教育とは、社長の姿勢で伝わっているものであり、口で指導したことなどはそのごく一部であり、ほとんど伝わっていないと知っておいてください。

また、社長自身の仕事の姿勢や人間的な姿勢に乱れがあれば、それ自体がマイナスの掛け算となり、せっかく仕事を教えてもまったく教育効果はなくなるということも心得ておいてください。

④人間的な信頼を勝ち取ること

社長は社員教育の機会を、人間と人間が触れ合う機会と認識し、その〝ふれあいの場〟で、人間的な信頼を勝ち取ることを目標にしてください。

たとえば、柔道の乱取り稽古をやってあげていると想定してもよいでしょう。そのとき、部下に対して人間としての尊厳を大切にしない態度や言葉を取り続けた場合、部下は社長に対して「この馬鹿野郎、必ず、見返してやるぞ」という気持ちを起こしやすいものです。すると、社員が現場での仕事や事務所での実務ができるようになったときに、人間的に尊敬できない社長の元から去ってしまうということはごく当たり前のことかもしれません。

柔道には「精力善用・自他共栄」という言葉があります。相手に礼を尽くし、お互いの人間を磨くために稽古に取り組むものです。会社経営においても、社長は自らお金を払って仕事を教えるという立場に立つからこそ、無礼な発言をしてしまったりすることもありますが、稽古だと思って、自らの人間を磨く機会としてください。

ワンポイントエッセンス！
Q．人間的な信頼はどのように勝ち取ればよいでしょうか？
A．社員から信頼を勝ち取る3つの姿勢
a．仕事に対して妥協のない姿勢
b．どんなに困難なときでも、不満や愚痴を漏らさない姿勢
c．社員1人ひとりの「人生の将来」を本気で考えてあげていること

大切なことは、「思い」は必ず伝わっているということです。1日や2日など短い時間であれば、相手を騙すことができても、毎日一緒に仕事をしていたら、あなたの思いはほぼすべてが伝わっていると思って間違いありません。

社員に対しては、あなたの心の底の思いが必ず伝わっているので、あなたは心の底から右記の3つの姿勢を思ってください。

ほめるからこそ、厳しくてもついてくる

昭和の時代、高校野球の選手は練習中に水を飲むことを禁じられていました。千本ノックやウサギ跳びなどという、非科学的なトレーニングも強制されてきました。

当時は、〝厳しくすることが人を成長させる〟という認識が、一般的だったのかもしれません。そんな風潮が残っているからかどうかはわかりませんが、工事店の社長さんや先輩の職人さんは、人のことをあまりほめません。

おそらく、「ほめること」は「甘やかすこと」とであり、「厳しくすること」は「人を成長させること」と思い込んでいるのでしょう。

そういった考え方について、否定はしません。最近の子どもたちの多くが甘やかされて育っていることは事実でしょうし、厳しく育てられたから世界レベルの才能を発

揮するという子も多数いるからです。

では、ただ単にほめればよいのでしょうか？　決して、そうではありません。あなたが部下を心底「成長させたい」と思っているかどうかが大事なのです。その上で私は、まず「ほめてみてください」と言っているのです。

そしてさらに、「部下を伸ばしてあげたい」という思いを毎日、本気で持続し続けてみてください。必ずその思いは部下に伝わっていきます。

部下にあなたの気持ちが伝わっているとき、たとえ部下は一時期厳しくされたとしても、「いま厳しく指導されているのは、自分の成長のための上司の愛情だ」と理解でき、努力をするのです。

一方、「部下を伸ばしたい」という気持ちが伝わっていないとき、部下は「なぜ自分が厳しく指導されるのかわからない」と感じるでしょう。そして、いじめられたとか、気に入られなかったと思い込み、自分の会社よりも日当がよい知人などの話を聞いていているうちに、何のためらいもなくあっさりと退職して、ほかの会社に移ってしまいます。

社会人としての基本作法も教える

そもそも、何から教育すればよいのか、わからないという相談を受けることもあります。工事店で働く若い子たちは、未熟な子たちが多いものです。ここでいう未熟な子とは、どのような状況かといいますと、小学高学年～中学生になり、ある程度手がかからなくなった時期から、親御さんたちが子どもたちを好き放題にさせてきてしまった状況の子たちを指しています。

ですから、目上の方や知らない方との「人間関係の作法」も知りませんし、組織としての行動規範も考えたことがありません。1つの物事に対して取り組むことについてもあまり経験してきておりませんし、嫌なことがあっても感情をむき出しにしてはいけないということなども教わっていないため、それがよくないことだと認識すらしていないこともよくあります。

つまり、社会人としての大切なことの多くを教えられずにきてしまい、そのまま仕事に携わり、お金を手にするようになっているのです。ですから、子どもの考え方のまま、そのまま体だけ大きく成長しているという状態の子もいるというのが現状です。

そのような子は残念ながら「自分の思ったとおりに生きていくことが正しい」と思い込んでいたり、身近な先輩の真似をしながら生きていったりしているだけなのです。

しかし彼らは、社会について具体的に教えてもらえなかったことを気にしている場合もあり、また、どこでどのように学んだらよいのかもわからず、困っていたりすることも往々にしてあります。

だからこそ、社長であるあなたが、「人生の先輩」として仕事だけではなく、「社会人としての基本作法」も教えてあげてください。

それはまるで子どもを諭すようなときもあります。

「あのな、いいか。嫌な気持ちはわかるが、仕事で注意を受けたら、ご指摘ありがとうございます、以後気をつけます、って言うのが、社会人の基本だぞ」とか、

「キミはお父さん、お母さんに、そういうことを教わってこなかったかもしれないけど、社会に出たら、目上の人は尊敬するのが基本だぞ」など。

さらには、

「キミは、もう大人になったんだから、もう子どもみたいな気持ちでワガママを言っていてはダメだぞ。自分で1つ1つ責任を持っていかなければいけないんだぞ」とか、

「キミはお父さんがいない家庭で育ったかもしれないけど、社長はキミの社会のお父さんだと思って接するから、キミが嫌がることでも、キミの人生のためだと思ってあれこれ言うことがあるが、しっかりと理解するんだぞ」

など。

このように、多くの工事店の場合では、若い子たちに対しては仕事の技術のみならず、「社会人としての自覚」や「社会人としての基本作法」から指導をする必要があります。もちろん、工事店だけではなく、一般社会でもその必要性を感じることが多々ありますが。

とくに、工事店に勤める子は比較的素直な子が多いため、教えてあげればスポンジのように吸収してくれるところがよい部分でもありますが、それは、反対のケースにでもいえることなので、間違っても、

「おい！　おめえ、何度言ったらわかるんだ、ボケ！」

「てめえ、大人をなめとんのか？」

などの教育はしないことです。

素直なので、そちらもスポンジのように吸収してしまいます（汗）。

よい部分を引き出してあげることが教育

そもそも教育の原点とは、相手の持ち味を引き出し、伸ばしてあげることです。教育を英語で「エデュケーション」といいますが、その語源はラテン語の「引き出す」という意味に基づいているのだそうです。

「引き出す」という考え方からわかることは、昔の人は、人に教育を「施す」と考えるのではなく、相手はすでに「それができる素養を持っている」と考えていることがあると思います。

そのように「相手の素養を引き出してあげる」とあなたが考えたとき、相手の悪いところや欠点を修正しようと〝教育〟するのではなく、いかに「よいところを引っ張って伸ばすか」と考えるのではないでしょうか。

では、どのように引き出したらよいのでしょうか？　次のことを参考にしてみてください。

■ワーク　自分が新人だったころを思い出してみる

あなたも、いまここで思い出してみてください。

自分が仕事を始めたばかりのころのことを。

何年前のいつごろでしたでしょうか。

仕事ができず、毎日プレッシャーを感じていませんでしたか？

そして、何をやったらよいのかもわからず、また怒られるのではないか、と内心ビクビクしていませんでしたか？

そんなとき、「○○くんも頑張っているよな～。○○くんは、▲▲のところに才能を感じるから、自信を持って頑張りなよ」などと、声をかけてくれる先輩が、1人くらいはいませんでしたか？

そんな先輩の小さなほめ言葉で勇気をもらって、くじけず仕事を頑張れたという経験をされた方もいることと思います。

工事店では、若手人材を教育することが〝必修科目〟です。

本当の意味での教育を行うには、上司であるあなた（社長）自身が、常に自分が新人だったときのことを心に置き、新人の気持ちを理解していることが大切です。

だから、部下の気持ちがよくわかり、正しく教育ができるものなのです。

新人のときの心をいまも自分が持っているからこそ、新人の部下をほめて育てるということができるものなのです。

部下育成のコツ

プロでありながら、新人の気持ちも理解していること。だから、部下が育つ。

以下に若い子たちをやる気にさせるほめコトバを集めてみました。ぜひ、活用してみてください。実際、会社で活用する前に、次の2つを行ってみてください。

・自分で声に出して何度も読んでみる
・実際の社員の子を想定して、声に出して読むロールプレイ練習をしてみる

■若い子をやる気にさせるほめコトバ集

では、さっそく実践してみましょう！

◎まだまだ技術を身につけていないときには？

「キミはなかなかセンスがあるな〜！　頑張ればいい職人になるよ」

◎愚鈍な子に対しては？

「キミは慎重なタイプだな。そういう子が職人として伸びるぞ」

◎早とちりでよくミスをする子に対しては？

「キミの挑戦心はたいしたものだ。着実に仕事ができるようになれば、キミは伸びるぞ。だから、同じ失敗を繰り返すなよ」

◎何も取り柄がなさそうな子に対しては？

「キミはまだまだこれからだ。頑張れ。でも、僕がキミと同じ年だったときには、キミよりももっと仕事ができなかったよ。だけど、努力して社長になったんだから、

キミも努力すれば僕ぐらいにはなれるよ。その代わり、僕のことをよく見て学びなさい。何でも教えてあげるから」

◎二人同時にほめるには？

「○○くんは、▲▲▲なら若手の中ならいちばんだな。■■くんは、×××だったら、誰にも負けていないな。そういう二人がいるということは、うちの会社も将来はもっと成長するよな！」

◎厳しい上司の元で頑張っている子をほめるには？

「そういえば、○○親方が、キミのことを少し認めていたぞ。あの人はあんまり人を認めたりしないタイプだったけど、キミに対しては、ちょっと対応が違うんだよな〜。だから、頑張れよ！」

◎すぐに調子に乗るタイプの方向を整え、善なる方向へ向けるためには？

「キミの前向きな気持ちは、私（社長）が買っているんだよ。今度、大きな現場を、頭でやってみないか。しっかり責任を持ってやれたら、昇進を考えるよ」

いかがでしょうか。一度ほめただけで伸びるものではありませんから、いろいろなタイミングでこれらのほめコトバを活用してみましょう。

若い社員にある程度の技術が身についたら、一段上の仕事にチャレンジさせることも重要です。現場親方、工程管理、原価管理などです。

たとえ、100％仕事を覚えたと感じなくても80％でも任せていき、任せながら成長を促進するのです。ところが、多くの社長さんは、そのような仕事の任せ方はしません。なぜなら、部下の失敗をおそれるからです。工事において失敗をすると、当然、やり直しをしなければいけません。

やり直しをすれば、当然、余計に人工《にんく》もかかり、場合によってはお施主様や元請様の信頼を失い、会社にとっては損失になるからです。

それに加えて、新たなことを教えれば指導や確認に手間がかかるから、つい社長さんや上司側も、これ以上面倒が増えるのなら……と思ってしまい、面倒がって教えないのです。もしくは、上司（親方）によっては、仕事を部下に教えることで自分の居場所がなくなると考え、仕事を絶対に教えないという人もいます。

ところが、いつかは会社の仕事はすべて部下に教えていかなければならないのです。

PART ③

ある程度育った社員には、ワンランク上の仕事を任せてみる

75歳まで元気でバリバリ働いたある親方の話

ここで、昨年廃業した75歳のある社長さんの話を聞いてください。

この社長さんは、ほんの数年前まで、つまり60代後半から70代になってからも、とても元気でした。元気さ余って、部下に対しては指摘や叱咤のみ。あいつはダメ、こいつもダメ、といつもダメ出しばかりをしていました。あまりにも厳しいので、当然、若い人は誰もついていけなかったのですが、ついに75歳で引退をしたのです。74歳あたりから病気がちになり、入退院を繰り返すようになりました。そして、事故や怪我を頻発にするようになり、本当はもっともっと仕事をしていたかったのですが、その思いとは裏腹に、「体力の限界」を感じて引退を決意したのです。若いころから、仕事面には相当自信があった方であり、その社長さんを信頼してくださったお客様も大

勢いました。

ところが、その社長さんを信頼してついてきた社員は1人もいなかったのです。

そのとき、最後に言っていたことが私にはとても深く印象に残りました。

「心残りといえば、後継者を誰1人育てられなかったことだ……」と、寂しそうに話していたことです。

ですから、リーダーは「お前はまだダメだ。そんなんじゃまた失敗するぞ」などと悲観的な見方をし、悲観的な言葉を使わずに、「キミならできる。大丈夫だ！」と信じてあげて、いまから積極的に仕事を任せていくということが大切であると、私は考えているのです。

「仕事を任せる」ことにチャレンジをする

もちろん、よく部下の実力を見極める必要はありますが、仕事に対して一定の自信を持ち始めてきた部下には、社長は勇気を持って任せることが大事です。

そうでないと、力をつけてきた部下ほど物足りなく感じてしまい、転職してしまうかもしれないからです。

万が一にも任せた部下が仕事の失敗をしたとしても、それを逆さまに考えて受け入れてみてください。

普通の人は調子がよいときには学ぶことはできません。

普通の人は失敗しなければ学べないこともあるのです。

それは、現実に痛い思いをしたから、それを避けるという考え方を持てるからです。

本当ならば、失敗をする前に失敗しないための学びを重ねている予習型の人生がいちばんよいのですが、頭では理解していても、現実の日々の仕事に流されてしまい、人生の予習はできないものなのです。

だから、早め、早めに、部下に仕事を任せて、チャレンジをさせていってみてください。そのチャレンジは部下のチャレンジだけではありません。

あなた自身のチャレンジでもあるのです。

また、責任のある仕事を任せたら、部下は裏切るのではないかと考えてしまう社長もいるかもしれません。

私が見てきた限り、そして行ってきた限り、社長やリーダーの姿勢がまっすぐ仕事に向いておらず、斜めに向いているような状態では部下は離れていくものですが、本気の社長を裏切る部下は原則1人もおりませんでした。

万が一、一度は裏切られても、その失敗によって社長自身は、人材の採用の仕方や仕事の任せ方を習得するため、次からは成功するというケースがよくありました。

社長さんが部下を育てるというチャレンジをしていると思って、仕事を任せていくのです。

そうすれば、次第に仕事を任せることも上手にできるようになっていきます。だから、仕事を任せていくなかで、部下も、社長も、会社も成長していくのです。

PART ③ ある程度育った社員には、ワンランク上の仕事を任せてみる

工事店
社長が
すべきこと

社長は事業を成長させたいなら、
自分の子のように社員を愛して育てよう。
失敗を恐れず、部下に仕事を任せよう。
裏切られることを恐れるのではなく、
裏切られないほどの人格を磨くことを
目標としよう。

ルール

6

会計戦略

～効率のよいお金の増やし方～

お金は会社を動かす燃料のようなもの。
燃料がなければ、会社も人も動けない。

お金のために仕事をするのではありません。とはいえ、お金がなければ会社も人も動けません。ムダを減らし、効率よく増やすのがポイントです。

カァァ…
社長
今日の暑さは
やばいっすね〜。
……体が
もたないっすわ。
そうだな〜。
ちょっと早いけど、
昼休憩にすっか。

おおっ、もうこんな時間か。
お～い、じゃあボチボチ始めるぞ～。
は～い。

お疲れ様で～す。
何だ、まだ終わってないのか。
あれ？
社長、塗料が違いますよ！
えっ？ほんとかよ。
この前電話でも言ったし念のためFAXも入れたじゃないですか。

あなたは、１現場１現場、すべての現場で原価管理を徹底していますか？

PART 1 小さな工事店がまず手をつけるべき会計戦略とは？

いまの時代、利益を出すには相当な努力が必要になる

残り2つのルールでは、いよいよ小さな工事店がしっかりと利益を出していくための、実践的な経営戦略に踏み込んでいきたいと思います。

6番目のルールは、会計戦略です。これは言い換えれば「原価をしっかりと管理しよう」ということです。

なぜなのでしょうか？

原価をしっかり管理するとは、裏返すと利益をしっかり管理することでもあります。

利益の話をすると、社長さんのなかには「いい仕事さえしていれば、利益はあとからついてくる。だから利益は気にしない」とおっしゃる方がいらっしゃいます。それは、決して間違いではありません。

とくに、昔の高度成長期やバブル崩壊前の景気がよい時代であれば、それでよかったかもしれません。ところがいまはデフレが止まらずに、どこの会社も1円単位で価格を削ってきます。そんな中で利益を上げるのは、並大抵の努力ではできません。

単価を上げて原価を下げれば利益は残ります。ところが、単価を上げれば仕事が取れない。だから、単価を下げざるを得ないが、単価を下げれば利益が残らない……。結局は、単価を下げて受注をして、少ないお金の中で必死に毎日休みなく走り続けている、というのが現実ではないでしょうか。

そのような毎日の中で「部下を育成しなさい」と言われても、たしかに気が気でないのは当然のことです。ところが、このような環境の中でも、発展していく工事店は発展しているのです。では、何を行って発展しているのでしょうか？

それが、原価管理なのです。

原価管理は工事店の会計の基本

ただでさえ、厳しい時代。そんな中で原価を気にしないとか、気にしているつもりでも実際はどんぶり勘定、というのでは、同じような仕事をしているライバル会社に、どんどん差をつけられてしまいます。

原価管理の大切さを理解していただけるよう、こんな話をしてみましょう。

100mを12秒で走る人がいたとします。相当に足の速い選手です。これを11秒で走れるようにするのが、現在の原価管理です。

もうすでに限界近くまで努力しているはずなのに、さらに1秒もタイムを縮めるのですから、できるわけがないと思われても仕方がありません。しかし、こうした1秒を積み重ねる努力を続けていかなければ利益は出ないのです。それくらい競争は激しいのです。だから、ランナーにもコーチがついたほうが記録が伸びやすいように、会社を伸ばすためにもいまの時代は専属のコーチが必要だったりするのです。

では、工事店の現場に変換してみましょう。

先ほどの100m走を元にたとえますと、11秒で走れれば優良工事店。13秒で走れば黒赤トントンの工事店。14秒で走れば大赤字の工事店となります。

もう少し具体的に落とし込んで考えてみましょう。

通常12人工の現場をいきなり11人工にするとなると、少し抵抗を感じるかもしれません。ところが、12人工のそれぞれを1日30分ずつ仕事時間を長くすれば、それだけで1人工に近い時間を捻出することができます。

反対に、雨や条件の変更などが起きたときも想定してみましょう。昔の考えでは、16時まで仕事をやり、雨が降って帰る場合は1人工と換算していたと思います。そして、熟練の職人さんの中ではいまでもそのような論理を振りかざす方もいます。

ところが現在では、細かい会社では、右記のような場合には1時間分を差し引きしていますし、もしくはどこかで埋め合わせの1時間を必ず振り替えしています。

さらに細かい会社では、15分単位で換算している会社もあります。いきなり15分単位での管理までするということは難しいかもしれませんが、現場での原価管理は、およそ30分単位で管理を行っていくことから始めて行くとよいでしょう。

PART 2 原価管理の徹底で会社は伸びる

小さな工事店ほど、原価管理にこだわる

会社が大きくなればなるほど、お金の動きは見えづらくなります。動きが複雑になりますし、扱う金額が大きくなるからです。

逆にいえば、小さな工事店であれば、それほど大きくないため、現場ごとの原価管理も正確にできます。また小さな会社には、間接部門や管理部門がほぼないため、原価管理を行うことの効果は、大きな会社に比べるとはるかに即効性があります。

工事店にとって原価管理は、他社との競争ではなく自らの努力でできる経営成功への近道なのです。絶対に取り組んだほうが「得」なのです。

ところが、残念なことに小さな工事店の社長ほど、原価管理に無頓着だという印象があります。

たとえば、100万円で受注して、80万円くらいで工事を終わらせることができたから、20万円は残っているはずだ……それなのに、決算のときには、いつも赤字になっている……。このような感覚です。

現場ごとの原価管理をしっかり行うことはもちろん、1つ1つの現場には振り分けられない機械メンテナンス費用の把握や、クレーム対応や手直しを行った分の人工も原価として把握しておくこと、また、事務所の家賃や広告費用などの経費がどれくらいかかっているのかも、正確に把握しておかなければ、正しい経営はできません。

そもそも原価とは？

そもそも原価とは何なのか、念のため改めて確認します。

①材料費、②労務費（人工）、③外注費、④現場工事に関わる設備機械費、⑤工事に関わる経費（ゴミ処分費用や作業車のガソリン代も含む）、⑥管理費（現場監督の給料等）を指します。仕事を受注したときには、これらを計算して利益が出るように目標を立てるのが通常の業務です。

ところが、現場では必ずしも目標どおりに事が運ぶわけではありません。そこで、各現場を担当する現場親方と協力をし、作業中の管理を徹底し、目標を守れるように努力するわけです。

小さな工事店が目指すべき原価率の目標は、おおむね65％です。原価率が70％以上になって経営が安定しているという会社は、私が見てきた限りごくわずかです。やがて資金難から自転車操業になり、金融機関からの借り入れが増えると、小さな工事店の経営はあっという間に不安定になります。その先には、金融機関に見切られる、つまり「倒産」の2文字が見え隠れし始めます。

もちろん、受注単価を上げる努力をしましょうといっても、同業他社との競争もありますから、特定の現場によっては厳しいこともあるでしょう。だからこそ、原価管理の意識が必要なのです。ある現場では原価率80％のこともあれば、ある現場では60％のこともあります。経営を成功させている工事店では、どのような現場でも全力でよい仕事をしているだけでなく、トータルで原価率目標を達成し、会社が健全に成長していけるよう、しっかりと原価管理をしているのです。

PART ③ 原価を抑えるたった1つの方法

職人さんの仕事時間の管理が重要

小さな工事店の場合の原価は、「直接原価」と「間接原価」の2種類に分けて考えるとわかりやすいでしょう。

・直接原価とは？

直接原価とは、材料費、労務費、外注費など、実際に工事に関わる費用と考えましょう。こちらは、工事の大部分を占める割合ですので、しっかりと予算を立てて管理していくことが求められます。

・間接原価とは？

一方の間接原価とは、設備機械費や工事に関わる経費（ゴミ処分費用や作業車のガソリン代）、管理費（現場監督担当者の給料）など、直接工事には関わらないが、原価として認識しなければいけないものと考えましょう。

こちらは、日々の仕事の中では認識しにくいため、管理がおろそかになりやすいものですが、管理をするとしないとでは、５％から多い場合では10％前後誤差が生じてしまう場合がありますので、しっかりと管理をしていきましょう。

では、どうしたら原価をきちんと管理して抑えることができるのでしょうか。理論的にはじつにシンプルです。工事店の商品は「工事」という人の手による仕事そのものですから、職人さんの仕事時間をしっかりと管理すればよいのです。

仕事時間は季節によっても異なりますが、８時スタートで17時までというのが一般的です。この間に1時間のお昼休みが入ります。10時と15時には15分のお茶休憩というのも業界の慣習になっています。

それをいますぐ大きく変える必要はないと思います。しかし、15分のお茶休憩の前後に、「どっこいしょ」で20分かかる人がいるのです。11時50分になったら10分前倒しして作業をやめて昼食の準備を始め、再び仕事にとりかかるべき13時になってから、やっと休憩の片付けと仕事の準備を始めるのです。あまり多くはないと思いますが、17時までの勤務なのだからと、17時きっかりに事務所に戻る人もいます。

この差を冷静に考えてみますと、一般的な職人さんと上記のような人では、1日の作業時間で40~50分間前後違う場合もあるのです。これらが積もり積もれば、あっという間に1日分の日当（原価の中の労務費）が飛んでいきます。

これもあまり申し上げたくないのですが、なぜ職人さんたちの中には、工期を縮めるべく作業スピードを上げたり、効率よく仕事をこなす工夫を考えたりせずに、〝ダラダラ〟とした仕事を続ける人がいるのでしょうか。

それは、小さな工事店に勤めてくれている職人さんたちにとっては死活問題でもあるからです。その現場の仕事が終わってしまえば、次はいつ仕事がくるかわからない。であれば、この仕事をなるべく時間をかけて仕事が切れないように食いつながなければならない……。

工事店の経営が不安定になると、職人さんたちもそのように生き残りをかけて〝創意工夫〟をしますので、仕事がなくなる上に原価も高くなるという悪循環のスパイラルが回ってしまいます。このようなことから、工事店の社長さんは工事があるときから常に健全経営を実現していくということが何より大事なことだとおわかりいただけると思います。

ここで私がお伝えしたい工事店で行う健全経営とは？

◎仕事の受注にはどの会社でも波があるのが普通。だから受注した仕事を計画的に完工していくことで安定経営を実現する

◎1つ1つの現場で原価管理を徹底して行っておく。そうすれば利益が出ない厳しい現場があっても、仕事が切れそうなときがあっても乗り越えていくことができるということになります。

厳しい時代を生き抜くためにも原価管理の徹底を

今日の経済状況を考えると、残念ながら工事の発注金額が十分に高くなることはあ

まり期待できません。競合店も多いですし、私たち零細企業に、残念ながら交渉の余地はほとんどありません。生かさず殺さず。まるでブロイラーと一緒です（涙）。

だからこそ、自衛策としての原価管理が大切なのです。原価管理は、相手様との交渉に縛られないからです。たとえば、職人さん全員に10分だけ仕事時間を延ばしてもらうだけでも、利益が出るようになります。

現実的・理論的には１％利益が出るということになります。

営業利益が３～５％という会社も多くありますので、この１％というのは非常に貴重であると思いませんか。しかし、逆も考えなければいけません。全員の日当を１０００円上げた場合、おおよそ原価は４～５％上昇することになり、その分、営業利益が吹っ飛びます。５人（社長も含めて）の工事店（おおよそ５０００万円前後）で毎月、飲食に10万円ずつ使った場合、経費は２・４％となり、その分、営業利益が吹っ飛びます。

こうなれば、せっかく原価管理をして利益を出しても、すぐに利益は吹っ飛んでしまいます。

ここからは、原価管理に関して、社長さんのタイプを私の印象で分類した３つのパターンと対策について申し上げておきます。

パターン①

現場仕事にも精通し、原価管理がしっかりとできている工事店の社長——

仕事の段取りがよく、職人たちも生き生きと仕事をしています。社長の表情は精悍で、肌に張りがあり、キリッとしています。明確な目標を持っているからだと思います。代表になっても現場に関心を持っており、それを面倒くさがりません。部活のキャプテン風、とでもいいましょうか。

> 対策：伸びていく工事店に多いケースです。社長に賛同する職人を増やしていくことで会社を発展させられます（しかし、どこかで原点を忘れてしまわないように日々注意は必要です）。

パターン②

原価が高い工事店の社長——

原価が高い工事店の社長は現場に携わっていたとしても贅肉が多く、肌に張りがなく、目にも輝きがありません。他人（元請様、お客様）の指示どおりにやらされている感を持っているため、グチが多く、会社内も埃っぽくなっていたりします。

> **対策：**まず、どのような環境でも他社も同じ状況であると理解して、自社でできる創意工夫を始めていきましょう。そうすれば、伸びていく道が見えてきます。

パターン③

現場から距離を置き、原価管理に厳しい工事店の社長――

現場での仕事を見下げている、もしくは自分は現場が苦手であり、職人たちと意思の疎通があまりできていないという工事店の社長は、言葉遣いが荒かったり、職人に対してグチを言いますが、社長も陰でグチを言われていたり、嫌われていたりすることが多いようです。この場合には、職人の入退社が多いため、なかなか経営が安定しないことが多いようです。

対策：まず、工事店の商品は職人であり工事であることから、社長自身が工事に精通し工事を愛することから始めましょう。社長が工事に精通して工事を愛することによってよい職人も集まるようになり、伸びていく道が見えてきます。

私は数多くの工事店をみてきて、会社の雰囲気と原価管理というのは、このような関係性があるということを理解しました。あなたの会社がどのパターンに当てはまるかを考えてみてください。

原価管理を会社に浸透させる3段階

さらに、原価管理の実施については、以下の3段階の順番で会社に浸透していくことがゴールデンルールとなります。

その1　社長自身がすべての現場の原価管理をできるようになる

その2　社長ができるようになったら、次は職長がすべての現場の原価管理をできるようになる
▼
その3　現場を任せられているすべての現場親方が原価管理をできるようになる
▼

理想は3番目に行き着くことですが、そう簡単なことではありません。何しろお金のことですから、うかつに管理を任せることで「何だ、会社はこんなにもうかっているのか、それならもっと俺たちは日当を上げてもらってもいいよな！」という勘違い話が起きないとも限りません。

ですから、段階として、まず社長自身が原価管理を行うことです。そして、社長は仕事にも真面目、人間的にもまっすぐ、金銭面でも潔癖、このような姿勢をしっかり見せて十分に社員からの信頼を得ることです。

社長自身が裏も表もなく「正しい仕事観」に基づいて邁進していることをわかってもらえれば、社長と社員との間に強固な信頼関係を築くことができるはずです。逆に、

稼いだお金で社長だけおいしい思いをしているのではないかと思われてしまえば、誰も一生懸命働こうなどとは考えません。

何度も繰り返しますが、社長自身に、ルール1からルール5までに基づいた「信念」があり、それらを実現するために、原価を管理して利益を残していくというのが会計戦略なのです。

そういった社長の姿勢、生き方に対しても社員が共感し、この人についていこうと思ってもらうことが重要です。

図：原価管理シート

◆原価管理シート　担 当

施工年月日	店舗	事業部門	お施主様名	契約日 / 完工日
年　月　日	店	部門	様邸	

工事概要	住 所	契約金額（税込）	契約金額（税抜）	消費税

受 注 詳 細			実行予算	工事原価			請求書	支払い
原価詳細／工事概要	工事詳細（商品材料詳細）	協力店名	金額（税抜）	金額（税抜）	金額（税込）	消費税		
		合　計						
		工事原価						
		現場粗利						
		現場粗利率						

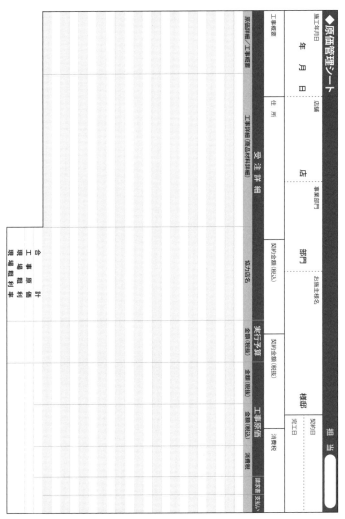

工事店
社長が
すべきこと

会社を健全に経営していくためには
理想に邁進する社長の姿勢が大事。
その1つが原価管理の徹底だと
捉えましょう。

ルール

7

事業戦略

～自社がやるべきことを追求する～

最終的に目指すべきは
オンリーワン+ナンバーワン。

周囲には数多くのライバル工事店があります。
勝ち抜くには、社長も社員も全力を出し尽くし、
「コア・コンピタンス」を追求しましょう。

（株）〇〇工務店
ここ数年、売上は
ずっと右肩下がり・・・
何が何でも
この会社の仕事を取るぞ！
御社の強みは？

え〜、そうですね。
弊社の強みは……
依頼された通り
きっちり仕事を
こなすことでしょうか。
……そうですか、
残念です。
カタ
……どうすりゃいいんだ。

はじめまして。工事店専門で経営指導をしている青木です。
社長のやるべき仕事って何ですか？
う～ん、やっぱり言われたことをきっちりやるっていう…
それはプロなら当たり前のことですよ。
では、創業当時から深く追求してきたものを教えてくださいませんか？

おたくは
仕事が丁寧ね。
○○さんは
愛想はないけど
技術はピカイチだな。
思い当たることが
あるようですね。
それが社長の会社の
「コア・コンピタンス」
かもしれませんよ。
「コア・コンピタンス」？

ライバルがいる以上、事業戦略は必須

いよいよ最後、7番目のルールは、事業を続けていく上での戦略です。

大企業でもないのに事業戦略だなんて、少しおおげさではないか。まだそんな考えの方もいるかもしれません。工事店であるあなたの会社が、何らかの工事を行う事業を行っていることは、いまさらいうまでもないことです。

しかし、工事を事業としている会社は、あなたの会社だけではありませんよね。同じ地域に、隣の町に複数のライバルがいるだけでなく、隣の県の会社もやってきて、仕事を奪われたり、そのせいで値下げを余儀なくされたりするような状況があるのではないでしょうか。

こうしたなかで、自社がこれからも勝ち抜いていくために、どのような戦略を持っ

て事業を行っていけばよいのか。どんな事業戦略を貫けば、売上や利益を守っていけるのかを考えないわけにはいきません。小さな工事店が考えなければならない事業戦略とは、つまりそういうことなのです。

この事業戦略は何かと考えるためには、自社の「コア・コンピタンス」とは何かと考え、追求することが条件となります。

コア・コンピタンスとは、「競合他社を圧倒的に上回るレベルの能力」「競合他社には真似できない核となる能力」のことをいいます。

コア・コンピタンスを明確に認識した上で、お客様との信頼関係を構築することが、事業を成功させるということに繋がります。

その姿は、ライバル社に負けない圧倒的な競争力を自社のものにしている、ともいえるかもしれません。

ところが、工事店の社長さんの多くは自社の何がコア・コンピタンスなのかを見出していない方が多いのです。

ここで、わかりやすいお話を紹介します。

たとえば、周囲に工事店がたくさんあっても、「あなた（個人）に任せれば安心だ」ということがあれば、その工事を希望するお施主様や元請様は、あなたに依頼するようになるでしょう。

おそらく独立した当初は、誰でもこのような状態からスタートしています。

そして、どんどん信頼が増えていき、仕事を依頼されるようになって、規模が大きくなっていきます。そのうち、社長さんだけで対応ができなくなるため、社員を通して「あなたに任せれば安心だ」を勝ち取らなければならなくなります。

ところが、社員を通して「あなたに任せれば安心だ」を勝ち取ることを行っていないか、努力して行っていてもどこかの段階で実現できないという状態になってしまうのです。しかし、売上は上げていきたいためチラシやDMを配布したり、WEBサイトからの受注に凝ったり、営業マンを雇って営業し続けたりしました。

そして、いままで通り売上は上がります。ところが、完全に信頼を勝ち取れるところまで社員育成が至っていないため、クレームをもらいながら売上を上げ続けるということになりました。

それを継続していった結果、定期的にいただいたクレームが蓄積していきました。そして、年々、ライバル社が増えるにつれて、仕事も減ってきてしまいました。

「いまは昔のように仕事をしているだけでは仕事は来ないから、営業もしなければ……」

と、営業を頑張るもののなかなか仕事が取れず、資金繰りも悪化……。


シンプルな例ですが、このようなお話を聞いて、途中から何らかの違和感を感じた方は、工事店の経営としては正しい感覚です。

チラシを配布したり、WEBサイトからの受注に力を入れること自体は悪いことではありません。しかし、本当に自社で大切にしなければいけないことを見落としていませんか？　と、ここでは感じていただきたいのです。

この場合、何がコア・コンピタンスなのでしょうか。それは、「創業当時から社長さんが行っていた工事技術」ではなかったでしょうか。社長さんは自身の工事技術があったから信頼を得てきたのです。

しかし、それを「追求していく」という明確な姿勢を持っていなかったため、社員も育成できず、途中から工事店経営を続けるためにはどのようにして売上を上げていったらよいか、と考える方向に切り替わってしまったのです。
ここでいう「追求していく」とは、次の3つのことを指します。

・自分と同じ技術で施工できる職人を増やしていくこと（職人の人数）
・施工技術を上達させること（技術の向上）
・自社で施工できる技術の幅を広げること（対応できる工種）

「仕事の本質」は、ケーキ屋さんであれば、その店でしか味わえないおいしいケーキを作ることであり、ラーメン屋さんであれば、ついまたその店に食べに来たくなるようなラーメンを作ることです。つまり、お客様にとってよい仕事をすること、これに尽きます。そのよい仕事が独占的であればあるほど、小さな会社だからといってばかにされませんし、事業は必ず上向きになっていきます。なぜなら独占的な力は、自社の「コア・コンピタンス」を追求していくなかで生まれていくものだからです。

「うちは何屋さん」なのかを繰り返し、確認をし続けること

では、あなたは何を行っていくことが大切なのでしょうか？　それは、「うちは何屋さんなのか？」を繰り返し、問い続けることです。

社長さん自身、問い続ける必要があるでしょう。

なぜなら、会社が大きくなるにしたがって、先程の話のように、忘れてしまったりする場合があるからです。また、会社が大きくなるにしたがって、気がつかないうちに定義が変わってしまったり、本質からズレてしまったりすることがあるからです。

また、同業他社との競争に気持ちが取られすぎてしまうために、会社の定義が事業の本質からズレてしまったりすることがあるからです。

たとえば、よくある例ですが、「笑顔の工事屋さん」というコンセプトがあるとします。お客様に対してはそれでもよいのですが、事業の本質は必ず「施工品質の高い工事屋さん」でなければ永続が許されないのが世間の常であるということは、何となくおわかりでしょうか。

同業他社を見すぎてしまうために、同業他社とは違う「うちの強みを表現しよう」

と思いすぎるがゆえに、方向がズレてしまう例です。

また、社員の方にも問い続ける必要があるでしょう。

社員の方々は、以前の会社での経験に基づいて、いまのあなたの会社の仕事を組み立てようとしてしまうこともあるからです。この話の例については、ルール2の「組織としての働き方」でもお伝えしたとおりです。

そして、繰り返し問い続けた結果、「住宅塗装の仕事だ」「住宅リフォームの仕事だ」などと皆さん「うちの仕事」をシンプルな言葉で表現しますが、その言葉の奥には、ルール1やルール2でご説明した「正しい仕事観」や「仕事に対する考え方」「この仕事を通して実現したいこと」「うちの仕事に対する考え方」「うちの仕事のやり方」などが含まれていることと思います。それが、あなたの会社のコア・コンピタンスなのです。

コア・コンピタンスは目に見えないもの

コア・コンピタンスとは、目に見えない概念です。うちは「住宅塗装技術においては、ほかには負けない」と言っても、それはどこがどうなっているのかは誰にも見えませんよね。しかし、たしかに社長は自分が培ってきた「住宅塗装技術」について語っているのです。

この目には見えない「コア・コンピタンス」を、まずは社長であるあなた自身が理解して、実践できていることが大切です。

そして、その次には社員一同がこの「コア・コンピタンス」を認識できていて実践できていることが大切なのです。

なぜなら、自社の「コア・コンピタンス」が明確に認識できていれば、これからどのように自社の「コア・コンピタンス」を育てていけばよいのかが、考えやすいのです。自社の「コア・コンピタンス」が、どのレベルの同業他社と比較した際の「コア・コンピタンス」なのかも明確につかめていくようになりますし、さらに上のレベルの競合との競争でも優位性を発揮できるように、「具体的にこのような点をさらに伸ばしていこう」などと目標を持つことも可能となります。それが前提となって、国家資格技術者を〇名にする、などと表現できるのです。

会社が発展できないのは、コア・コンピタンスが明確になっていないことが原因

このように、「コア・コンピタンス」を認識して磨いていくことで、会社はいまよりもっと大きく成長していきます。

そして、このことは大企業に勤めている社員の方々は、ほぼ全員が認識をしているのに対し、私達のような中小零細企業の社員の方々は、ほとんどと言っていいほどその会社の「コア・コンピタンス」を認識していないのが現状なのです。

じつは、中小零細企業が発展しにくいのはこれが原因です。逆に、会社を発展させるためには「コア・コンピタンス」を明確に全社員で認識することが大切です。人間は、認識し続けたものをずっと手にし、育て続けるという習性があるからです。

このように考えていただくと、だいぶご理解いただけると思います。「コア・コンピタンス」とは、ただ単に、

・うちはどこよりもいい仕事をします
・うちの強みは施工品質です

・お客様満足度No1

などという単なる謳い文句ではありませんし、

・施工実績○○○棟

といった結果報告でもありません。

・○○の分野においての施工技術力においては県内No1

・▲▲の実績を持つ技術者が○○人在籍

というような表現をしていても、その会社で働く人たちが、社長を含めて誰も自社の「コア・コンピタンス」を認識していなければ、「コア・コンピタンス」は明確になっていないといえるかもしれません。

繰り返しますが、コア・コンピタンスとは、社長が「うちはこの仕事ではどこにも負けない」と認識をしている〝目に見えない存在〟と、それを実践している姿のことを指しているのです。

その「コア・コンピタンス」とは、会社で最も大切にしていくものとなります。

逆に、違う言い方をすれば、この「コア・コンピタンス」がなければ、本来、会社は存在できません。

工事店の社長の中では、若いころには技術が長けていたのに、年を重ねると共に自身が現場に入らないだけではなく、施工班が１人もいなくなってしまい、そのまま倒産していった、というケースがかなり多くあるという話を前の章でも話したと思いますが、これなどは「コア・コンピタンス」を認識せず実践もできなくなった典型的な例といえるでしょう。

ところが、自社の「コア・コンピタンス」が明確に認識できているからこそ、現時点においては、必ずしも地域Ｎｏ１でなくても、これからの事業活動のなかで、明確にＮｏ１を目指して突き進んでいくというように考えていくことができるようになるのです。

ここまで説明すれば、コア・コンピタンスとは、単なるＵＳＰ（独自の強み）とはまったく違う概念であるということがおわかりいただけたかと思います。

別の言葉でいいますと、そもそも事業とは、「強み」のみでしか生き残れない存在であり、その「強み」を「さらなる強み」へと永遠に押し上げていく営みです。

また、その「強み」を押し上げていくなかにおいて、「強み」は自然と広がり、事業は自然と広がっていくのです。その「強み」という存在が「コア・コンピタンス」という実体でもあります。

成長していく工事店のストーリー

ここで、成長していく工事店のよくある例をお話しいたしましょう。

創業当初は、住宅塗装においての施工技術者が社長1人であり「町内No1」であった存在が、そのうち「市内No1」となり「県内No1」となっていき、自社の職人さんたちも増えてくる。そして、徐々に、アパート塗装の分野の施工実績が増えてきて、アパート塗装の専属施工技術者も多数育成していき、アパート塗装の分野でも市内No1、県内No1と、徐々に成長していく。

そして、大手ハウスメーカーや地場大手工務店からも可愛がっていただくようになり、ますます仕事が増えていく。そして、設計事務所からの仕事もいただくようになり、大規模修繕の事業も行うようになっていく。そして、公共工事にも携わるようになっていく。

というようなイメージです。そして、塗装工事店の場合、

・接客力
・施工品質
・デザイン力

などの強みとなりうるものがいくつかある場合、より「本質」に近い「施工品質」に関わるものがコア・コンピタンスとなっていくはずです。そのような工事店がいちばん伸びていきます。

それは仮に、味噌屋さんを想定してみた場合にはすぐにおわかりいただけるはずです。味噌屋さんのコア・コンピタンスが味噌の醸成方法ではなく、マーケティング方法などといっていた場合、その味噌屋さんの作る味噌をどう感じるでしょうか？

「うちは味噌は二流だけど売り方がうまいから売れているのだ」では、長く売れることにはならないはずです。

それよりも、味噌屋さんであれば、味噌の醸成方法のほうにコア・コンピタンスがあるべきであり、そのコア・コンピタンスを追求していくことで、強みが広がり、事業も広がっていくのではないでしょうか。

コア・コンピタンスとは事業の実体

再度、再度、繰り返しますが、コア・コンピタンスとは、事業の「結果」のほうではなく、事業の「実体」のほうです。そして、コア・コンピタンス自体が、事業の「本質」です。

工事店としての「実体」であるコア・コンピタンスとは何かを考えて、自社のコア・コンピタンスをさらなる強みとして作り続けていく努力をしていくときに、負けない工事店を作っていくことができるはずです。必ず強く必要とされ続け、収益性の高い工事店になるはずです。

本書の最後に、少しテーマを離れて、工事店経営を長期的に成功させていくためのビジョンについて述べたいと思います。

長期的なビジョンとは、大きく分けて2通りあると思います。

・自分の限界にチャレンジし事業拡大を目指しつつ、経営成功を実現し続けること
・自分のできる範囲を考えて長く経営成功を実現し続けること

この本の最後で私が述べておきたい長期的なビジョンとは、前者のような他店舗展開をして、たくさんの支社や支店を持とう……といった事業拡大を目指すビジョンではなく、建築業界の90%以上の方に当てはまる、地域に密着して地元に愛される会社を創り続けよう、という後者のビジョンです。

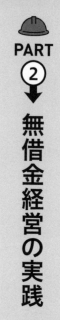

工事店社長といえどもスーパーマンではありませんから、いつかは現場を去ることになります。そのとき、自分が情熱を注いできた工事店を息子さんにゆだねるのでしょうか？　それとも、職人さんの中から優秀な人物を後継者に指名するのでしょうか。

どのような道を選ぶとしても、大切なのは、さきほど申し上げた事業の実体である「コア・コンピタンス」と、もう1つはお金＝利益です。お金のために仕事をするのではないということは何度も申し上げてきました。

でも、お金がなければ、死ぬまでその日の生活のために働き続けなければなりません。また、お金がなければ、仕事が切れたときには生きていくことができません。

ですから、日々の原価管理と工程管理をきちんと行い、毎月毎月利益を出し、決算期でも利益をしっかりと出すこと。

そして、社長自身と会社で貯金（内部留保）をしっかりと蓄えていることが大切なのです。ところが、決算のときに営業利益が出ていると「法人税を支払わなければいけなくなるから……」と、高額な機械を購入したり、高額な自動車を購入したり、接待交際費などで使ってしまったりしている社長も少なくありません。

また、最初のうちは内部留保を蓄えていたにも関わらず、ある程度貯まった段階でそれを担保に自社ビルを建てるために全額使ってしまったり、もしくは自社ビルを建てるために追加の借入をするようになったりして、お金を使ってしまう社長もいます。そうではない場合でも、驚くほど貯金額が少ない社長が多いのが現状でもあります。

とにかく、冷静に将来を見つめましょう。

そして、社長が引退した後の、夫婦の老後の生活費を計算してみてください。たとえば、70歳で引退し、90歳まで20年間生きていくことを考えたら、1年間の生活費を最低300万円としても6000万円は必要です。また、幹部の方々を一生涯雇っていきたいと考えたときには、幹部の方々の退職金も貯金をしておく必要があります。

中小企業で30年勤務したら、よい会社では退職金が1000万円前後などともいわれています。幹部の方が2名いたらどうでしょうか？　退職金だけでも2000万円となります。そのような資金も蓄えていなければ、優秀な人材を長期間にわたって採用し続けることは無理なことではないでしょうか。

たとえ、そのようなことを考えなくても、たとえば月給35万円の社員を5人雇っていた際、1年近くも仕事が切れてしまえば、2100万円もの資金力が必要になります。

年商の50％の内部留保が第一目標

しかし、会社経営においてはいろいろな経費がかかりますので、私は、将来のことを考えたときに、まず、どなたにも年商の50％程度の内部留保を確保していくことをおすすめしています。ひとまず、それだけの内部留保があれば、たとえ一時期、窮地に追い込まれたとしても、必ず活路を見出すことができます。

そのためには、何をすればよいでしょうか。それは、『節制』です。

節制とは、欲望におぼれて度を越すことがないように、適度に慎むことという意味ですが、

・作業車は安めの中古車を購入し走らなくなるまで乗る
・自家用車も贅沢しない
・生活水準は社員の方と同じレベルに抑えておく
……などのように、大きな出費を抑えつつ、日々節制を習慣としていくのです。

工事店社長の中には「お金持ちになりたい」とおっしゃられる方も多いのですが、

私はそのような方には、こうお伝えしております。

「お金持ち」とはお金を使っていないから、お金〝持ち〟なのですよ。お金を使うことばかりを考えていたら、それは「お金持ち」ではなく「お金使い」ですよ、と。

ＡＩ（人工知能）やビッグデータ、ＩｏＴ（モノのインターネット）の進化などによって、ますます先の読めない時代になりつつある状況下では、今後もいままでどおりの仕事があるかどうかは誰にもわかりません。そんな予測不可能の未来に備えるためにも、享楽的なお金の使い方を慎み、十分にお金を蓄えると共に、「コア・コンピタンス」を明確にしながら追求して、社員や家族と「心」も「技術」も「人生」も一致させて社業に邁進してください。そのような経営姿勢こそ、この厳しい時代の荒波を乗り越える力となるはずです。

工事店
社長が
すべきこと

社長はコア・コンピタンスを明確にして、コア・コンピタンスを社員一同と認識し、コア・コンピタンスを磨き続けること。

そして、経営においては無借金経営で、年商の50％の内部留保を蓄えることを第1目標とする。

おわりに

最後までお読みくださいましてありがとうございます。まずは御礼申し上げます。

工事店の仕事は、人間が生きるために必要不可欠な衣食住の「住」、そして社会のインフラ的基盤を支えています。皆さんがいるから、多くの人々が家でくつろぐことができ、会社で活躍することができ、安心して社会生活ができるのです。

ですから、この建設、建築業界に携わるすべての人に、高い誇りを持ち、やりがいを感じ、成功して幸福になっていただきたいというのが私の願いです。

そして、仕事への誇りと、人生の幸せを実感するためにも、安定した経営は必要不可欠です。

工事店の経営を安定させるには、まず、社長自身の「仕事観」（心の姿勢）が大切だと申し上げました。もう1つ「具体的な経営ノウハウ」も重要だというお話もしました。ノウハウとは、会話力、段取り力、企画提案力、社員の採用方法、工程管理・原価管理、人材の育成など、いわば「実務能力」のことです。「心」と「力」の両方が大切なのです。

ただし、この2つは「経営の両輪」ではありません。両方とも大切なのですが、並列して考えてはいけないのです。わかりやすくいえば、「仕事観」が土台で「実務能力」が建物です。どれほど立派な建物でも、土台がしっかりとしていなければ、意味がありません。

しかし、しっかりとした土台の上に、すぐれた技術力で建物を建てることができれば、会社の商品力や付加価値はよりいっそうアップするはずです。

お客様には土台は見えません。見えないからといって手を抜けば、ちょっとした「揺れ」で、簡単に壊れてしまいます。だからこそ大切にしなければいけないのです。

皆さんが本書を熟読し、納得していただき、実践していただければ、事業は確実に前進することでしょう。

ところが、経営を進めていけば、ある一定のラインに到達するたびに、どうしても解決できない問題が起こることもあります。

それがいわゆる「ボトルネック」というものであり、その「ボトルネック」の正体は自分だけでは見抜けないことが多々あります。

「ボトルネック」に差し掛かっているときには、会社では何度も何度も同じ問題が繰り返し起きたり、家庭でも夫婦の仲が悪くなったり、家族や社長が体調を崩したり、調子がよいときとまったく正反対の状態になってしまったりすることもあり、まるで目に見えない作用が働いているように、マイナスの連鎖から逃れられないような状態になってしまったりすることもあります。

そのような例も何度も見てきて、現実として事業の挽回のお手伝いをしてきました。

もし、あなたにもそのようなときが訪れた場合には、私に相談してください。誠心誠意、お力になります。

大黒天経営という社名には、皆さまの商売が成功するようにという思いを込めています。その思いがあなたにも届き、商売繁盛につながることを願い、筆を置かせていただきます。

平成30年3月

青木忠史

青木忠史　Tadashi Aoki

日本建築業者協議会代表理事、日本建築塗装職人の会会長、大黒天経営株式会社代表取締役会長などを務める工事店経営の指導者。20代に40回の転職を経験した後、6,000万円の借金を抱えていた父親の塗装工事店を継ぎ、短期間のうちに返済する。その経験に基づき、独自の工事店経営法を体系化し、建築業界の健全発展のために活動を続けている。これまでに600社以上、6,000人を超える中小工事店経営者へのコンサルティングを行う。
主な著書に『自分探しで失敗する人、自分磨きで成功する人。』(カナリアコミュニケーションズ)『どんな時でも道は開ける』(カシオペア出版)『もうゼッタイ迷わない。塗装工事業者選び15のポイント』(アート印刷)などがある。

成功の原理がわかる！
いちばんやさしい工事店経営の教科書

2018年3月23日　第1刷発行

著　者　青木忠史
発行所　ダイヤモンド社
〒150-8409　東京都渋谷区神宮前6-12-17
http://www.diamond.co.jp/
電話／03-5778-7235（編集）　03-5778-7240（販売）
デザイン　北路社
漫　画　かわのいちろう
制作進行　ダイヤモンド・グラフィック社
印　刷　慶昌堂印刷
製　本　本間製本
編集担当　寺田文一

ISBN 978-4-478-10378-4